TERRE DES FEMMES (HG.)

TOD ALS EHRENSACHE
FRAUENSCHICKSALE

EXpress Edition

CIP-Kurztitelaufnahme der Deutschen Bibliothek:

Tod als Ehrensache: Frauenschicksale / Terre des Femmes (Hg). – Berlin: EXpress-Edition, 1987.
Einheitssacht.: Princesses mortes ›dt.‹
ISBN 3-88548-762-4

Verlag und Vertrieb EXpress Edition GmbH
Postfach 11 02 63
Ritterstr. 60 b
1000 Berlin 61
Tel.: 030/251 11 36

Druck Weinert, Berlin

Inhalt

Vorwort zur deutschen Auflage

Folgendes ist in einer Ausstellung über Zwangsarbeit im 3. Reich zu lesen:
Berlin, 31.1.1940
Der Reichsführer SS und Chef der Polizei:
„Deutsche Mädchen und Frauen, die mit Kriegsgefangenen in einer Weise Umgang pflegen, die das gesunde Volksempfinden gröblich verletzt, sind bis auf weiteres in Schutzhaft zu nehmen und für mindestens ein Jahr einem Konzentrationslager zuzuführen. Als gröbliche Verletzung des gesunden Volksempfindens ist jeglicher gesellschaftliche (z.B. bei Festen, Tanz) insbesondere jeder geschlechtliche Verkehr anzusehen."
Aus einem Urteil von 1951:
„Betr. Wiedergutmachung
Klage wird abgewiesen
Entscheidungsgründe
„... Die Tatsache, daß die Klägerin 24 Monate in einem Konzentrationslager inhaftiert war und dort den roten Winkel der politischen Gefangenen trug, rechtfertigt allein den Klageantrag noch nicht. Wiedergutmachung nach dem Gesetz über die Opfer des Nationalsozialismus vom 14.02.1950 kann die Klägerin von dem beklagten Lande nur verlangen, wenn die Inhaftierung wegen ihrer politischen Haltung, ihrer Rasse, ihres Glaubens oder ihrer Weltanschauung erfolgt ist. Dies ist jedoch nicht der Fall. Die Klägerin wurde nach dem Schutzhaftbefehl deshalb in ein Konzentrationslager eingewiesen, weil sie während des Krieges mit dem Angehörigen eines Feindstaates ein Liebesverhältnis unterhalten hat. ... Sie hat daher nicht aus politischen Gründen, sondern aus Gründen rein persönlicher Art gegen die gesetzlichen und polizeilichen Bestimmungen verstoßen."

Finanzielle Entschädigung erhielt dagegen der frühere Bundestagspräsident E. Gerstenmaier, weil er angab, seine wissenschaftliche Karriere sei im 3. Reich beeinträchtigt worden.

Bei dem oben angesprochenen „Vergehen" der Frauen und dem Urteil zur Wiedergutmachung drängte sich mir ein Vergleich mit dem in dieser Dokumentation dargestellten Schicksal unzähliger Frauen und Mädchen auf. Dies möchte ich vorweg an einigen Beispielen sowie an den vergeblichen Bemühungen, Asylanspruch für die verfolgten und mit dem Tode bedrohten Frauen zu erreichen, verdeutlichen.

In verschiedenen Zeitungen kann man täglich folgende Nachrichten lesen:

Indien: Eine junge Frau flüchtete zu einer deutschen Familie, weil Vater und Bruder drohten, sie umzubringen, weil sie mit ihrem Freund ein gemeinsames Hotelzimmer gemietet hatte (FR, 12.11.83).

BRD: Ein türkisches Mädchen wendet sich hilfesuchend an ihren Lehrer, sie befürchtet, von ihrem Vater umgebracht zu werden, weil sie keine Jungfrau mehr ist. Bei einer Diskussion über diesen Fall lautet der Lösungsvorschlag eines Lehrers: Er würde zum Vater des Mädchens gehen und ihm die Wahrheit sagen, auch auf die Gefahr hin, daß er sie dann umbringt. Wir – als Deutsche – seien nicht berechtigt, unsere Wertvorstellungen in die türkische Familie zu tragen. Die Tochter habe den wichtigsten kulturellen Wert, den der Jungfräulichkeit, verletzt (emma, 9,86).
Marokko: Ein Vater ersticht seine 12jährige Tochter. Die Richterin beteuert bei der Urteilsverkündung, sie habe die kulturelle Herkunft des Angeklagten ausdrücklich einbezogen. Der Verteidiger des Angeklagten versichert: Als Berber stach er zu, um die Ehre seiner Tochter zu retten (FR, 19.7.86, emma, 9,86).
Iran: Wegen Mißachtung der Kleiderordnung landeten in den letzten Jahren viele Frauen im Gefängnis und waren dort Auspeitschungen ausgesetzt oder wurden vergewaltigt. Seit diesem Jahr riskieren Frauen, wegen unislamischer Kleidung in Arbeitslager gesteckt zu werden. Dort erhalten sie „Nachhilfe im Islam" und arbeiten in der Kriegsproduktion (FR, 28.11.86).
„Häufig werden (im Iran) Autos gestoppt und untersucht. Befindet sich eine Frau darin, die z.B. mit Bekannten unterwegs ist, passiert es, daß sie sich medizinisch untersuchen lassen muß. Nur die Jungfernhaut hat viele Frauen vor Tod und Steinigung gerettet. Wir haben aber auch Fälle von Asylbewerberinnen, die in ihrer Kindheit – im Alter von 5 bis 7 Jahren – von Nachbarn vergewaltigt wurden. Sie sind geflüchtet, ohne je politisch aktiv gewesen zu sein. Ihr Motiv ist die Angst vor einer staatlich angeordneten Untersuchung." (Aus dem Bericht der „Liga zur Verteidigung der Menschenrechte im Iran", in: taz, 2.12.86)
Saudi-Arabien: „Gestern abend um 17.30 Uhr wurde im Dorf B... in der Region N... ein Verbrechen begangen. Ein 25jähriger hat seiner 19jährigen Schwester Raba den Hals durchgetrennt, danach begab er sich mit dem abgeschnittenen Kopf zum Polizeiposten in N... ‚Ich habe es getan, um die Ehre der Familie zu retten', sagte er." (El QUDS, 19.1.80) Das vom Richter am folgenden Tag gefällte Urteil: Zwei Wochen Arrest.

Auf diese Weise ereignen sich täglich in einer unbekannten Zahl von Ländern weitgehend unbehelligt von Maßnahmen der jeweiligen Regierungen Tragödien. Weil sie außereheliche oder voreheliche Beziehungen hatten, freiwillig oder nicht, oder weil sie einfach mit einem Mann einige Worte oder einen Blick austauschten, werden junge Mädchen und Frauen von ihrem Vater, Bruder, Vetter ermordet, manchmal von der Mutter vergiftet, um ihnen einen gewaltsameren Tod zu ersparen. In amtlichen Archiven heißt es dann oft „Unfall oder Selbstmord". Diese Verbrechen werden begangen, um die Familienehre zu rächen, sie sind nicht an eine bestimmte Religionszugehörigkeit gebunden.

Die schweizer Organisation „Sentinelles" überreichte dem UN-Hochkommissar für Flüchtlinge die von ihnen erstellte und hier in deutscher Übersetzung

vorliegende Dokumentation über bekannt gewordene Fälle dieser Art mit der Hoffnung, der Forderung nach Flüchtlingsstatus für die so mit dem Tod bedrohten Frauen und Mädchen, Nachdruck zu verleihen.
Neben einem abschlägigen Bescheid hinsichtlich der Verwirklichung dieser Forderung erhielt sie am 1.9.1980 die Antwort:
„Die Unterkommission zur Vorbeugung und zum Schutz von Minderheiten (...) bemerkt ... den offensichtlichen Mißbrauch ... bestimmter traditioneller Sitten in bezug auf Frauen."

„Terre des Femmes" erreichte durch Brief- und Unterschriftenaktionen, daß dem Europäischen Parlament ein Entschließungsantrag vorgelegt wurde mit der Forderung, in den Passus der Genfer Flüchtlingskonvention, an deren Flüchtlingsdefinition sich das Bundesverwaltungsgericht in seiner Asylrechtsprechung orientiert, auch die Opfer geschlechtsspezifischer Verfolgung mit einzubeziehen. Der Antrag wurde 1984 vom Rechtsausschuß bewilligt, dieser forderte das Europäische Parlament auf, die Genfer Flüchtlingskonvention zu erweitern.
Flüchtlinge sollten danach alle Personen mit einer begründeten Furcht vor Verfolgung wegen ihrer Rasse, Religion, Nationalität, Zugehörigkeit zu einer bestimmten sozialen Gruppe, wegen ihrer politischen Überzeugung und wegen ihres Geschlechts sein.
Da der UN-Hochkommissar für Flüchtlinge den Vorschlag mit Rücksicht auf traditionelle Gepflogenheiten verschiedener Länder als vollkommen aussichtslos bezeichnet hatte, beschränkten sich die Europaparlamentarier auf die Empfehlung nach einer „frauenfreundlichen Auslegung" der geltenden Regelungen.

So hat sich auch nach Ablauf der von den Vereinten Nationen ausgerufenen Dekade der Frau in bezug auf die Verwirklichung von Menschenrechten für Frauen nichts Entscheidendes geändert.

Immer wieder wird die Achtung traditioneller Sitten als Begründung angegeben, wenn es darum geht, auch bei der eklatantesten Menschenrechtsverletzung an Frauen – der Verletzung des Rechts auf Leben, Freiheit und Sicherheit der Person – nichts zu unternehmen.

Sicher ist es falsch, einen europäischen und womöglich bundesrepublikanisch-feministischen Maßstab an Gesetze und Praktiken in allen Ländern der Welt anzulegen und daraus das Recht abzuleiten, sich bei jedem Abweichen von diesem Maßstab in die inneren Angelegenheiten der Länder einmischen zu dürfen. Mit Recht wurde eine solche Haltung von Vertreterinnen vieler Länder v.a. der 3. Welt als rassistisch und europäisch anmaßend verurteilt. Eklatante Verstöße gegen die Menschenrechte sind aber sowohl bei politischer Unterdrückung als auch bei sexistischer Unterdrückung nicht als Privatsache und damit als unantastbar anzusehen. Solidarität ist notwendig, um den vielen leidenden und bedrohten Frauen und Mädchen zu helfen, deren „Vergehen" in einem unerlaubten Liebesverhältnis oder auch nur im falschen Gebrauch des Schleiers liegt.

Mit der Übersetzung und der Veröffentlichung der Dokumentation von „Sentinelles" versuchen wir, Solidarität mit diesen Frauen konkret werden zu lassen.
Wie die oben zitierten Beispiele zeigen, besteht das Problem in unveränderter Form weiter, der Bericht hat nichts von seiner Aktualität eingebüßt, die Weltöffentlichkeit, die Vertreter internationaler Organisationen und die Gesetzgeber der Länder zeigen sich nach wie vor nicht angesprochen, wenn es um das Schicksal von Frauen geht.
Ein einziges bundesrepublikanisches Gericht, das Bundesverwaltungsgericht in Wiesbaden, hat in einem Urteil über den Asylantrag einer iranischen Flüchtlingsfrau angemerkt, daß eine politische Verfolgung von Iranerinnen neben anderen Gründen angenommen werden kann, wenn die Klägerin den Eindruck vermittelt, „dem propagierten Modell einer islamischen Frau nicht zu entsprechen". (taz, 5.11.86) Weitere Urteile, die die spezielle Verfolgung von Frauen berücksichtigen, gab es bisher nicht.

Wir hoffen, mit der Übersetzung des vorliegenden Berichts dazu beizutragen, daß diese Menschenrechtsverletzungen an Frauen öffentlich bekannt und kritisiert werden und daß Frauen- und Menschenrechtsorganisationen, die hier oder in anderen Ländern gegen diese Praktiken aktiv sind, Unterstützung erhalten.

Wir wollen aber auch die Asyldiskussion bei uns beeinflussen. Es ist nicht sehr opportun, in einer Zeit, in der bei vielen Politikern und großen Teilen der Bevölkerung eine ablehnende Haltung gegen Flüchtlinge vorherrscht, in der von politischer Seite eine Änderung des Grundrechts auf Asyl ernsthaft erwogen wird, eine Ausweitung des Flüchtlingsbegriffs zu fordern.
Umso wichtiger erscheint es mir deshalb, sich die Gründe, die bei den Asylbewerbern und Asylbewerberinnen zur Flucht führten, immer wieder zu vergegenwärtigen und nicht nur gegen die Verschärfung des Asylrechts, sondern auch für die Anwendung des Rechts auf geschlechtsspezifisch Verfolgte einzutreten.
Auch hier sollten wir das in der jüngeren deutschen Geschichte geschehene Unrecht nicht vergessen.

Die vorliegende Dokumentation wurde auf der Basis einer Vielzahl persönlicher Zeugnisse von „Sentinelles" zusammengestellt und unter dem Titel „princesses mortes" 1981 veröffentlicht. Die Fälle ereigneten sich fast alle im Mittleren Osten. Sie wurden „Sentinelles" von einer Person berichtet, die dort seit langer Zeit für eine Hilfsorganisation arbeitet.

Bei folgenden Organisationen ist es für betroffene Frauen möglich, konkrete Hilfe zu erhalten:

- AGISRA – Arbeitsgemeinschaft gegen internationale sexuelle und rassistische Ausbeutung e.V.
  Mainzer Landstr. 147
  6000 Frankfurt 1
- Christlicher Friedensdienst
  Leonhardstr. 19
  CH – 8001 Zürich
- Deutsch-Iranische Beratungsstelle, Autonome Iranische Frauenbewegung
  Reuterweg 83
  6000 Frankfurt 1
- Gesellschaft für bedrohte Völker
  Postfach 2024
  3400 Göttingen
- Internationaler Sozialdienst
  – Flüchtlingsprogramm –
  Helga Jockenhövel-Schiecke
  Am Stockborn 5-7
  6000 Frankfurt 50
- Human Rights
  Group
  8 Scotland St.
  Edingburgh EH36PS
- Kontakt + Beratungsstelle für außereuropäische Flüchtlinge e.V.
  Oranienstr. 159
  1000 Berlin 36
- Sentinelles
  10, chemin du Languedoc
  CH-1007 Lausanne

Köln, im Januar 87

Ute Deichmann

Terre des Femmes

Übersetzerinnen der deutschen Ausgabe sind Suhita Osorio-Peters (Heidelberg) und Angela Oldenbürger (Köln).

Dank irrsinniger Sitten wurden eine Prinzessin und auch ihr Liebhaber ermordet, weil sie sich liebten.

Da es in einem vornehmen Milieu geschah, erregte das Verbrechen sofort Aufmerksamkeit und überall in der Welt sprach man darüber.

Auch wir haben unsere Prinzessinnen. Tot oder zum Tode verurteilt, aus denselben Gründen, oder weil sie vergewaltigt wurden. Mädchen aus der Stadt oder vom Lande, Hunderte oder Tausende, verfolgt oder vernichtet in zahlreichen Ländern.

Sie irren umher, sie sind zerrissen, so sprechen sie zu Euch.

Möge sich Euer Entsetzen in Taten wandeln.

Vorwort

Oh, Gott, laß die Leute, die diesen Brief lesen werden,
Mitleid mit mir haben
und mich vor der Bedrohung und dem Schatten des Todes retten,
die mich Tag und Nacht verfolgen.
Kahdra

Sie kam an einem Morgen im Februar 1978.
Samah. Sie möchte Verzeihung sagen. Dreißig Kilo Fleisch, entsetzlich verbrannt. Ein schmerzhaftes Lächeln auf den wunderschönen Zähnen. Große braune Augen, die es kaum wagen, das Baby neben ihr anzusehen. Ihr uneheliches Kind.
Als sie es in ihrem Bauch trug, hatte ein Mann aus ihrer Familie sie mit Petroleum bespritzt und angezündet.
Für uns beginnt alles tatsächlich an diesem Morgen im Februar, als sie ankam.
Ein Opfer – noch warm und schreiend. Ein kaum noch lebendiger Beweis – für alle, die so starben – daß es das Verbrechen um die Rache der „Familienehre" noch immer gibt.
Der Rest war einfach; wir mußten weitermachen.
Samah lebt heute und sie ist schön. Sie war die erste von einer viel zu kleinen Zahl von jungen Mädchen, die dank der Ausdauer von jemandem da unten, der nicht will, daß sie getötet werden, ihr Leben retten konnten, indem sie ihr Land verließen. Eine zu kleine Zahl.
Sie dort dem Tod entreißen! Ihr Leben hier vorbereiten!

Aufdeckung eines Verbrechens

Weil sie außerehelich sexuelle Beziehungen hatten, freiwillig oder nicht (Vergewaltigung bedeutet gleichermaßen das Todesurteil für das Opfer), oder weil man sie einfach dabei ertappt, mit einem jungen Mann einige Worte oder einen Blick auszutauschen, werden junge Mädchen ab 13 Jahren von ihrem Vater, Bruder, Vetter oder einem bezahlten Verbrecher erwürgt, lebendig verbrannt, ausgeweidet, gesteinigt. Manchmal werden sie von ihrer Mutter vergiftet, um ihnen die Leiden eines gewaltsamen Todes zu ersparen.
Das erste Opfer ist das junge Mädchen. Die anderen Opfer sind oft diejenigen, die, unter dem Druck ihres Stammes, ihrer Umgebung, ihrer gesellschaftlichen Gruppe, gezwungen werden, das Verbrechen durchzuführen, um nicht aus dem Dorf oder sogar aus dem Lande gejagt zu werden.
Ein Vater beweinte trotzdem den Tod seiner Tochter, eine Mutter nahm sich das Leben, nachdem sie eigenhändig ihrem Kind das Gift verabreicht hatte.
Bei einem solchen Preis wird die Ehre einer Gesellschaft, die im Blut eines unschuldigen Opfers gereinigt wird, zum Verbrechen unserer Gesellschaft.
Ein Verbrechen, das in amtlichen Archiven unter der Bezeichnung „Unfälle" oder „Selbstmorde" registriert wird.

Länder

Es gibt für uns weder „zivilisierte" noch „primitive" Länder.
Es gibt die Opfer, deren Tod wir anklagen müssen, und ihre verlassenen Kinder, die wir schützen müssen.
Welche Länder? Zehn, zwanzig?
In verschiedenen Kontinenten?
Wir kennen die Ausmaße dieses Leidens noch nicht.
Diejenigen, die wir kennen, werden wir hier nicht namentlich bezeichnen: sie werden sich wiedererkennen.
Ihre Einstellung dazu?
Alle Regierungen dieser Länder haben ein schlummerndes Bewußtsein in bezug auf die Tragödie, aber keine geeignete Politik, um das Verbrechen zu bekämpfen, dessen Opfer die Frauen ihres Landes sind – und mit ihnen auch ihre Familien.
Unser Ziel ist es, die Tatsachen in einer solchen Klarheit und mit einem solchen Aufsehen zu entlarven, daß sie darauf reagieren.
Denn diese Verbrechen bleiben unbestraft. Selten interessiert sich die Polizei dafür und wenn, dann in einer so zurückhaltenden Weise, daß keiner deswegen Sorge haben müßte. Die richterlichen Sprüche sind so milde wegen der Art des Verbrechens: „um die Familienehre zu rächen". Zwei oder drei Jahre Freiheitsstrafe, mehr nicht.
Aber man muß *vorher* handeln. Bevor das Opfer vor dem Henker steht, im Augenblick des Todes.
Handeln, um den in Ungnade geratenen jungen Mädchen und Frauen ein wirkungsvolles Schutzsystem zu garantieren, das von allen Behörden des Landes aufgebaut (oder zumindest unterstützt) wird: sozialen, religiösen, erzieherischen Einrichtungen. Alles muß dort anfangen. Die Existenz des Problems eingestehen und darüber reden. Besonders in Schulen, damit das „Verbrechen um die Ehre" durch die Kinder von heute zu einer abscheulichen und unehrenhaften Tat für die Männer von morgen wird.

Solange wir warten, ist es unsere Pflicht, die Arme, das Herz und unser Land all denjenigen Frauen zu öffnen, die nicht sterben wollen.

Vereinte Nationen
Hochkommissariat für Flüchtlinge
Abteilung der Menschenrechte

Wenn ein junges Mädchen, das bedroht wird, versucht, aus seinem Land zu flüchten, um der eigenen Vernichtung zu entkommen, dann muß man schnell handeln. Sehr schnell. Ein abgelehnter Visumantrag, oder ein zu spät erteiltes Visum, hat bereits manchen von ihnen den Tod gebracht.
Lebensrettend, als Grundlage für die Aufnahme in anderen Ländern, ist es für

diese jungen Frauen und manchmal für ihre bereits geborenen oder noch nicht geborenen Kinder, den Flüchtlingsstatus zu erlangen. Nur dieser Status gibt ihnen das international gesetzliche Recht, sich anderswo niederzulassen und die Sicherheit, nicht ausgewiesen zu werden, um „zu Hause" zu sterben.
Wir fordern für sie und ihre Kinder nur ihr Recht, d.h. die Anwendung vom Wortlaut des Abkommens bezüglich des „Flüchtlingsstatus", der vom Hochkommissariat der UNO festgelegt wurde:

Gemäß den Zielen der jetzigen Konvention ist der Begriff „Flüchtling" auf jede Person anzuwenden, die sich als ein Ergebnis bestimmter Ereignisse (...) und mit einer begründeten Furcht vor Verfolgung wegen (...) Zugehörigkeit zu einer bestimmten sozialen Gruppe außerhalb des Landes ihrer Nationalität befinden und die in den Schutz dieses Landes nicht zurückkehren kann oder aufgrund dieser Furcht nicht will; oder auf eine staatenlose Person, die sich außerhalb des Landes ihres früheren Wohnsitzes befindet und als Ergebnis solcher Ereignisse nicht in dieses zurückkehren kann oder aufgrund solcher Furcht nicht will.

Aber der Hochkommissar und seine Experten (das haben sie uns gestanden) wissen nicht mehr, was ihre Vorgänger mit „Zugehörigkeit zu einer bestimmten gesellschaftlichen Gruppe" meinten. Sie zweifeln sogar, ob die Familie eine gesellschaftliche Gruppe ist. So unwohl sie sich dabei auch fühlen mögen gegenüber ihren Texten und dem natürlichen Recht, haben sie trotzdem beschlossen, sich nicht darum zu kümmern.
Pech für diese Mädchen, Frauen und Kinder. Seit Jahrtausenden werden sie niedergemetzelt; die Welt ignoriert es vollkommen, und der Hochkommissar will da keine Wellen schlagen.

August 1980

Trotz unserer Verzweiflung werden wir nicht aufgeben, und mit ein klein wenig Hoffnung wurde die Sammelmappe über unsere „Prinzessinnen" der Abteilung der Menschenrechte auf dem Umweg durch eine Unterkommission * offiziell überreicht.

Anmerkung

* (E/CN. 4/Sub. 2/447)

Wir dachten, daß diese kleine Menschheit hier in Genf, Männer und Frauen von dieser Arbeitsgruppe, nicht unberührt bleiben würde von diesem Hilferuf einer anderen kleinen Menschheit, die anderswo vernichtet wird.

Wir haben uns geirrt. Und am 1. September fällt das Urteil, werden all diese aufgedeckten Leiden, diese enthüllte Hilflosigkeit, in fünf leeren Wörtern zusammengefaßt:
*„Die Unterkommission zur Vorbeugung der Diskriminierung und zum Schutz von Minderheiten (...) bemerkt (...). den offensichtlichen Mißbrauch (...) bestimmter traditioneller Sitten im Bezug auf Frauen."**

„Traditionelle Sitten", die ihre traditionelle Komplizenschaft in eine Schublade zurücklegt, in die Wärme des unangetasteten Wohlseins.

Schlaft in Ruhe und für immer: Madidja, Nabila, Sonia, Mona ... tot um den Preis einer Gruppenehre.
Sie sind nur Opfer.
Schlaft in Ruhe, jede Nacht, ihr verantwortlichen Feudalherren der UNO, und alle, die es heute wissen und nichts tun.
Sie sind nur Komplizen.
Aber wir werden jeden Tag unablässig versuchen, sie zur Tat zu bewegen: man kann diese Faust abschneiden, wir werden das Salz nicht loslassen.**

Anmerkung

*(E/CN.4/Sub.2/L.730)

**Ghandi

Article 1, Heading A of the 1951 Convention and 1967 Protocol, ratified by a great number of countries ("HCR/INF/29/rev.2" page 14).

GENERAL PROVISIONS
Article 1
Definition of the term "refugee"

A. – For the purposes of the present Convention, the term "refugee" shall apply to any person who:
1) Has been considered a refugee under the Arrangements of 12 May 1926 and 30 June 1928 or under the Conventions of 28 October 1933 and 10 February 1938, the Protocol of 14 September 1939 or the Constitution of the International Refugee Organization, Decisions of non-eligibility taken by the International Refugee Organization during the period of its activities shall not prevent the status of refugee being accorded to persons who fulfil the conditions of paragraph 2 of this section;

2) As a result of events occuring before 1 January 1951 and owing to wellfounded fear of being persecuted for reasons of race, religion, nationality, membership of a particular social group or political opinion, is outside the country of his nationality and is unable or, owing to such fear, is unwilling to avail himself of the protection of that country; or who, not having a nationality and being outside the country of his former habitual residence as a result of such events, is unable or, owing to such fear, is unwilling to return to it.

In the case of a person who has more than one nationality, the term "the country of his nationality" shall mean each of the countries of which he is a national, and a person shall not be deemed to be lacking the protection of the country of his nationality if, without any valid reason based on well-founded fear, he has not availed himself of the protection of one of the countries of which he is a national.

Briefwechsel

Brief von „Sentinelles" an die Mitglieder der Unterkommission zur Bekämpfung von diskriminierenden Maßnahmen und zum Schutz von Minderheiten.

Lausanne, 22. Oktober 1980

Wir freuen uns und bedauern gleichzeitig, uns auf das „Resolutionsprojekt" (Draft Resolution) zu beziehen, das Sie persönlich im Rahmen der Kommission der Menschenrechte (Unterkommission zur Bekämpfung von diskriminierenden Maßnahmen und zum Schutz von Minderheiten, 33. Sitzung, 11. Tagesordnungspunkt) vom 1. September 1980 (E/ CN. 4/ Sub. 4/ L. 730) formuliert haben, unter dem Titel: „Zur Frage der Sklaverei und zur Behandlung von Sklaven in allen ihren Formen und Ausdrücken, einschließlich der sklavereiähnlichen Praktiken der Apartheid und des Kolonialismus."
Während dieser Sitzung wurde Ihnen von einer unserer Mitarbeiterinnen die

ständige Tragödie von verfolgten und getöteten Mädchen, Frauen und ihren Kindern, vorgetragen.
Sie sind sich des Problems bewußt geworden, ja Sie sind betroffen gewesen, und Sie waren bestimmt einverstanden mit unserem Wunsch, für diese Opfer den Flüchtlingsstatus zu erreichen, um ihnen das Leben in zahlreichen Ländern zu ermöglichen, in denen sie nichts zu befürchten haben, wenn wir sie dorthin bringen.
Und doch waren Ihr Gewissen und Ihre Betroffenheit schnell erloschen und Sie wagten es, die Opfer in nur sechs Wörtern in Französisch und fünf in Englisch zu erwähnen:
„(...) certaines pratiques traditionelles touchant les femmes"
„(...) certain traditional practices affecting women",
ohne weitere Einzelheiten oder Beschlüsse.*
Sie lassen diese Menschen und ihre Sache im Stich – das ist ein Zeichen extremer Schwäche.
Wir werden Sie brandmarken sowohl mit diesem Brief als auch in der Öffentlichkeit, falls sich die Gelegenheit dafür bietet.
Glauben Sie der Aufrichtigkeit unserer Gefühle.

Anmerkung

* „Ohne weitere Einzelheiten oder Beschlüsse" trotz der Konkretisierung und Vorschläge auf Seite 5 des Dokuments E/ CN. 4/ Subs. 2/ 447 vom 20. August 1980: „Report of the Working Group of Slavery on its sixth session", unter dem Vorsitz von Mr. Justice (sic) Abu Sayeed Chowdhury.

Brief von „Sentinelles" an Herrn Theo van Boven von der Abteilung Menschenrechte im Palais des Nations 1211 Genf 10

Lausanne, 31. Oktober 1980

Sehr geehrter Herr,

wir schicken Ihnen hiermit eine Kopie unseres Briefs vom 8. September (der also bald 2 Monate alt ist) und bislang unbeantwortet blieb.
In der Zwischenzeit haben Sie sicher die Vorschläge von Frau M... (Mädchen, die man um „die Familienehre zu rächen" tötet und HCR) weitergeleitet, nehmen wir an. Wir wissen, wie Ihr Herz vor soviel Leiden blutet, wie Sie Ihre „gebundenen Hände" von Bankett zu Bankett tragen müssen.
Wir schätzen Sie sehr, das wissen Sie, aber Sie sollten sich schämen – Sie müßten sich erheben und handeln.
Hochachtungsvoll, mit freundlichem Gruß

Brief von Herrn George Brand, Chief Research, Studies and Prevention of Discrimination Section, Division of Human Rights, United Nations Office at Geneva:

Genf, d. 21. November 1980

I acknowledge with thanks your letter dated 31 October 1980, addressed to Mr. van Boven.
The Working Group on Slavery in its report on its sixth session (United Nations document E/ CN. 4/ Sub. 2/ 447, para. 66. 2(d) recommended that the Sub-Commission should bring the information on the situation of women in some countries of the Middle East and North Africa, submitted by the Minority Rights Group, to the attention of the Commission on Human Rights, the Commission on the Status of Women, the High Commissioner for Refugees, and other United Nations agencies concerned, with a view to securing effective legislative and other measures to terminate such practices, including wide ratification of the Convention on the Elimination of All Forms of Discrimination against Women.
In the Sub-Commission at its thirty-third session some members expressed doubts about the relevance to the Working Group's mandate of some reports considered by the Group. The view was expressed that the Working Group should not duplicate the work of the Sub-Commission by examining allegations of violations of human rights which were outside its mandate. The opinion was expressed that some of the recommendations made by the Working Group related to questions which were beyond the competence not only of the Working Group but also of the Sub-Commission, and that they should not be endorsed (United Nations document E/ CN. 4/ Sub. 2/ 459, para. 95). It was perhaps for one of these reasons that no action was taken on Ms. M...'s suggestions.

Unsere Antwort vom 28. November 1980:

Sehr geehrter Herr Chief,
wir bestätigen hiermit den Empfang Ihres Briefes vom 21. November, der absolut bedeutungslos ist.
Wir fragen uns eben, ob diejenigen nicht Recht haben, die in der UNO nicht nur einen monumentalen Schwindel, sondern auch einen ungeheuerlichen Irrtum der Internationalen Gemeinschaft sehen. Über diese Meinung könnten wir uns gemeinsam auslassen, wenn Sie es wünschen.

1. Sie sind der Vorsitzende der Abteilung für Forschung, Untersuchung und Vorbeugung von Diskriminierung in der Division of Human Rights.

2. Um die Anwendung dieser Rechte zu sichern – zur Vorbeugung von Verbrechen gegen die Menschheit und zur Bekämpfung der kriminellen Diskriminierung gegen unzählige Menschen – kämpfen wir um Hilfe für verfolgte und zu

Grunde gerichtete junge Mädchen und Frauen (und deren Kinder), für Opfer der „Rache der Familienehre".

3. Während der 33. Sitzung der Sub-Commission on Prevention of Discrimination and Protection of Minorities (Commission of Human Rights, Working Group on Slavery 6th session) im August 1980 hat eine von uns die Betroffenheit der Anwesenden so erwecken können, daß sie mit Recht hoffte, die dafür Verantwortlichen würden endlich daran arbeiten, diese Opfer zu retten.

4. Man hat sie nämlich gebeten, von Poul Hartling, Hochkommissar für die Flüchtlinge, den Status für diese Opfer zu bekommen, der ihnen sofort das Leben in den Ländern ermöglicht, wohin wir sie bringen können und wo sie nichts mehr riskieren. Dies würde andererseits zahlreiche Staaten dazu bewegen, ihnen die Einreise zu gestatten.

5. Aber Ihr Brief sagt uns, daß „(...) the opinion was expressed that some of the recommendations made by the Working Group related to questions which were *beyond the competence* not only of the Working Group but also of the Sub-Commission, and that they should not be endorsed. It was perhaps for one of these reasons that no action was taken on Ms. M...'s suggestions".

– „Beyond the competence"
WER nun ist dafür verantwortlich, Chief?

– „Perhaps"
Warum „perhaps"? Es gibt kein „perhaps", sondern eine Wirklichkeit, die wir kennen wollen. Wir bezahlen dafür, doch ein solches „perhaps" ist wie ein Leichentuch aus Asche über Tausende von Menschen.

– „No action"
Nun fragen wir Sie, in Ihrer Eigenschaft als Chief, WER SOLL und WER KANN handeln? Gott? Waldheim? Niemand? Schade?
Gibt es vielleicht ein Waschbecken in der Cafeteria, wo Sie sich die Hände waschen?

Kürzlich, aus Anlaß einer von Poul Hartling organisierten Podiumsdiskussion als Plädoyer „pro domo" für Flüchtlingskinder, haben wir uns bei dem Gedanken ertappt, daß Granatenwerfen – und seien sie nur aus Tränengas – auf die Festungsmauer der UNO, oder auf die Abteilung Menschenrechte oder auf den Hochkommissar für Flüchtlinge unter anderen, fruchtbar wäre.

Wäre eine solche Geste eindeutig begründet und würde man sich zu ihr klar bekennen, dann würde sie für ein ganzes Volk von unbewaffneten und erniedrigten Unschuldigen gelten – dann wären die Tränen, die Sie nicht mehr vergießen, künstlich, aber wenigstens nicht mehr zynisch.

Wir appellieren an Sie persönlich, Chief über Leben und Tod von anderen, zusammen mit Theo van Boven mit den gebundenen Händen (wie er sagt), wir bitten Sie, uns sofort und inhaltsreich darüber zu beraten, was man unternehmen kann gegen den Terrorismus des Schweigens, gegen die Unfähigkeit, die Gleichgültigkeit, die Trägheit und die Dummheit der höheren Instanzen der Organisation der Vereinten Nationen.

Zeugenaussagen

Man muß als Zeuge auftreten.
Ein Zeuge, der sich erhebt,
ist bereits die Menscheit, die sich rührt.

Brief von A...

Januar 1977

Sehr geehrter Herr,
Ich habe gerade Ihren Brief vom 2.11. bekommen.
Ich werde auf Grund meiner Erfahrung auf die Frage zu den unehelichen Kindern antworten. Die gesellschaftliche Haltung gegenüber der ledigen Mutter verändert sich heute deutlich in den Städten und unter den Akademikern. Ich kenne keine ledige Mutter, die ihr Kind bei sich aufwachsen läßt. In der gehobenen Schicht wird das Kind meistens geopfert (Abtreibung); nach Aussage einer Hebamme in einem Cairoer Krankenhaus gibt es zahlreiche Fälle. Das Mädchen unterzieht sich einer kleinen Operation, um zu beweisen, daß es noch Jungfrau ist.
Es gibt auch viele Fälle von christlichen Mädchen, die ihre Kinder verlassen, um in die Gesellschaft wieder aufgenommen zu werden.
In streng traditionellen Milieus verschwindet das junge Mädchen unauffällig (bitte im Buch „L'appel du Karouan de Taha Hussein" nachlesen, das ins Französische übersetzt wurde). Das ewige Problem wird dort deutlich dargestellt.

Brief von M...

Januar 1978

Meine Kenntnisse in diesem Bereich sind sehr begrenzt.
Tatsachen, die ich wahrgenommen habe in den Ländern, in denen ich gelebt habe in Libanon (und auch in Frankreich, besonders in konservativen Schichten) aber vor allem in Ägypten, Syrien und Algerien – erlauben mir, Euch meine Überlegungen mitzuteilen, die später vervollständigt werden sollen:
Wenn ein junges Mädchen vor der Hochzeitszeremonie sexuelle Beziehungen gehabt hat, verlangt in manchen Dörfern und Städten seine Familie unter Androhung von Gefängnisstrafe oder sogar Todesstrafe, daß der junge Mann es offiziell heiratet. Mit dem kleinsten Übel ist in diesem Fall das Problem gelöst, auch wenn damit nicht unbedingt alles erledigt ist, denn, falls die Leute merken, daß es schwanger ist, wird es verachtet und man zeigt mit dem Finger nach ihm. Aber das Kind ist gerettet und das ist das Wichtigste.
Falls der junge Mann sich weigert, sie offiziell zu heiraten oder sie verläßt, wird die junge Schwangere bei den Schwestern des Guten Hirten als Büßende aufgenommen; zusammen mit anderen, die „Madeleines" genannt werden, besteht ihr Schicksal darin, ihr ganzes Leben, oder einen Teil davon, damit zu verbringen, ihr Brot mit Arbeit zu verdienen und vor allem für ihre Sünde, ein uneheliches Kind in die Welt gesetzt zu haben, zu büßen. Die schmerzhaftere aller Bußen für die meisten dieser jungen unverheirateten Mütter ist die Trennung von diesem Kind, das sie (angeblich schuldhaft) lieben. Denn sie haben nicht einmal das Recht, es zu sehen. Gleich nach der Geburt wird es ihnen wegge-

nommen und in eine Kinderkrippe gesteckt, auch wenn die verzweifelte Mutter wie eine Löwin kämpft, um die Frucht ihrer Liebe zu behalten. Einige bestehen hartnäckig darauf, für das Kind selbst zu sorgen, und das bedeutet oft Prostitution, abgesehen vielleicht von den Ländern, wo ihnen ein Gesetz das Recht garantiert, ein normales Leben mit ihrem Kind führen zu dürfen.
Ermordung kann das Schicksal der jungen unverheirateten Mütter und ihrer Babys werden, oder dem Kind wird nach der Geburt der Hals durchgeschnitten – zumindest wird die Frau aus der Familie verstoßen und von der Gesellschaft abgelehnt.
In den drei überwiegend islamischen Ländern verlangt man Jungfräulichkeit der Mädchen, und die Prüfung geschieht am Hochzeitstag ... nach der Vollziehung der Ehe ... falls sie nicht Jungfrau ist, darf der Ehemann sie verstoßen und in ihre Familie zurückschicken. Dort ist der Tod für sie unabwendbar; und dasselbe geschieht ohne offizielle Hochzeit, wenn sie verdächtigt wird, sexuelle Beziehungen gehabt zu haben ... Ein Ende ihres unglücklichen, tragischen Schicksals, die Vernichtung: entweder wird sie von ihrem Vater oder dem ältesten Bruder vor dem Haus in Anwesenheit der nächsten Verwandten hingerichtet, oder die Mutter vergiftet sie, um ihr ein schnelles Ende zu bereiten ... und alle sind dann stolz, denn: „die Familienehre wurde gerettet durch die Tötung des Opfers, das sie befleckt hatte“.
Es ist schrecklich, grausam; Tatsachen, erlebt hauptsächlich in diesen drei Ländern.
Ich suche Materialien über dieses Thema, um sie Dir zu schicken.

Brief von A...

Januar 1978

Schwangerwerden, freiwillig oder unfreiwillig, ist für ein junges Mädchen eine wirkliche Tragödie, auch wenn nur der Verdacht darauf besteht, oder wenn es nur eine Geschwulst in der Gebärmutter hat ...
Ich würde Euch gern einige Fälle aus Oberägypten erzählen und über das Schicksal der Opfer berichten, indem ich für jeden Fall ein Beispiel gebe. Aber diese Fälle werden selten bekannt. Es wird oft vertuscht: das Opfer wird unauffällig liquidiert, absolut gefahrlos für den Täter. In der Regel wird sie vom Vater oder vom ältesten Bruder oder einem Onkel getötet ... Manchmal drängt die Mutter das Mädchen, sich selbst zu verbrennen, zu vergiften oder vom Balkon hinunter zu springen ...
Ich habe vor allem einige junge Mädchen mit Verbrennungen in Krankenhäusern gesehen, die gar nicht gesund werden wollten und nur einen schnellen Tod wünschten. Sie fürchteten ihr Los nach der Entlassung, und der Tod vor der Rückkehr ins väterliche Haus wäre ihrer Ansicht nach vollkommen diskret, denn so wäre die Familie nicht mit Schande beladen und mehrere Probleme wären gelöst. Also wünschten sie den Tod ...

Brief von B...

Januar 1978

Betrifft: moslemische und christliche arabische Frauen und Mädchen, die vom Tod bedroht werden oder getötet wurden, weil sie außerehelich ein Kind gezeugt haben. (Cisjordanien und Gazastreifen).

Es handelt sich in der Mehrzahl der Fälle um moslemische Frauen. Meines Wissens steht nichts über dieses Thema im Koran. Es sieht so aus, als hätten die Familien aus einer uralten Tradition heraus ihre befleckte Ehre zu reinigen und zu rächen. Die Tatsache, daß manche christliche Familien, allerdings selten, dieselben Sitten praktizieren, könnte darauf hinweisen, daß der Ursprung dieser Tradition nicht religiöser Art ist.
Diese Frauen sind manchmal sehr jung, 12, 13 oder 14 Jahre alt oder sie sind seit Jahren verheiratet und haben Kinder. Nicht immer haben sie den „Fehler" begangen, den man ihnen vorwirft, sondern sind oft sogar Opfer von Vergewaltigungen. Opfer oder nicht, Tatsache ist, daß sie verschwinden müssen; der Vater, der älteste Bruder oder mangels dessen auch ein Vetter, übernehmen die „Liquidierung". Es ist immer ein Familienmitglied. Die Gefängnisstrafe dafür ist minimal.
In Cisjordanien zählt man ca. 150 Frauen, die jährlich so ermordet werden. Diese Angabe gibt die Zahl der *bekannten* Fälle wieder. Man müßte dazu die unbekannte Zahl von Frauen rechnen, die bei einem Unfall in den Brunnen gefallen sind, die Treppe herunterfielen, Selbstmord durch Herausspringen aus dem Fenster begangen haben usw. Zwischen 80 und 100 Frauen trifft dasselbe Schicksal jährlich im Gazastreifen. Das ist die offizielle Zahl, soweit eine Zählung möglich ist.

Brief von N...

New York, 22. November 1980

Dear People,

I am very eager to read your study on the execution of women to save the family honor.
My curiosity about this particular injustice arises not only from my general concern for women's rights, but also it is something which has touched my life. Last year while in Morocco I was approached with the proposal of marriage to help a young musician get out of the country. I thought about it a great deal, and travelled more, learning about how bad things are there – and finally decided to risk it. Not knowing that my parents had to give their permission, I agreed to marry a 26 year-old-man (my age). I was welcomed by his family (the father has also asked me to marry his son) – but my parents balked. When I fi-

nally had to leave Morocco because I had contracted Hepatitis, we were on very good, loving terms. For months we corresponded, with plans to meet during the summer, until a native Moroccan (now living in New York) who had returned home bringing with him gifts from me, returned to NY and warned me to stop everything immediately: H. was to marry someone in his family (he'd assured me that that was a thought of the past which he had resisted, and that no one was polygamous where he lived). The messenger also said ominously, „Moroccan girls who love Christian men are stoned to death all the time. In 1980!" I remember painfully that when we had broached this subject, H. looked disturbed and refused to talk about it. The messenger assured me that something terrible was in store for me were I to continue with H. Now the whole thing has come to a halt because none of my questions has been answered, except for being told (rather late in the game, it seems to me) that I would never be respected because of an unfortunate, unsolicited encounter with someone else in his village. H. had known all of the facts of the situation all along, and I think had wanted to think that it didn't matter so much – but clearly he suffered for it by the local gossip. Perhaps it is best that the whole thing ended with angry words instead of hurled stones (I'm sure it is), but I can't forget all the lovely women in his family, and wonder, too, about the arranged marriage for his 15-year-old girl cousin to his 28- year-old brother, now working in France. What would happen to one of them if the kid who tried unsuccessfully to rape me had succeeded with one of them ...
I sent his 16 year-old sister, the first, youngest child in his family to go to a lycee, a copy in Arabic of the UN Declaration about ending all discrimination of all forms to women.

Thank you kindly

Übersetzungen von Auszügen aus der Tageszeitung „El QUDS"
19. Januar 1980

Verbrechen in Burka, um die Ehre (der Familie) zu rächen

Gestern nachmittag um 17.30 Uhr wurde im Dorf Burka (Region Naplus) ein Verbrechen begangen. Ein junger Mann hat seiner Schwester den Hals durchtrennt nach der Art, wie man es bei den Schafen tut. Danach ist er zur Polizeistation in Naplus gegangen und nahm den Kopf seiner toten Schwester mit. Der Beamte im Dienst, Herr X..., nahm die Personalien des jungen Mannes auf, Zai Hamed Ahad Nobani, 25 Jahre alt, aus dem Dorf von ALA (Region Tulkareim).
Zai kam zur Polizeistation mit einer Plastiktüte in der Hand. Als der Polizist ihn fragte, worum es sich handelte, antwortete er, daß er den Kopf seiner Schwester RABA, 19 Jahre alt, bringe. Dann erzählte er, daß er sie gewaltsam zu einem menschenleeren Platz – genannt „Saoudich" – geführt und sie dann geköpft hätte. Den Körper hätte er dort gelassen. „Ich habe es getan, um die Fa-

milienehre zu rächen" sagte er.
Dieser junge Mann ist ein Arbeiter. Er hatte drei Tage vorher geheiratet; seine Schwester, die mit einem jungen Mann aus Tulkareim verheiratet war, wurde drei Monate vorher von ihrem Mann zur Scheidung gezwungen.
Die Polizei hat sich wegen der Ermittlungen am Tatort umgesehen. Der junge Mann sagte noch: „Hier bin ich, das ist der Mord, den ich begangen habe, und das ist der Dolch. Ich habe es freiwillig getan."

20. Januar 1980 – El QUDS (Fortsetzung des Artikels vom 19. Januar)

Der Richter X... hat mit der Befragung des jungen Mannes begonnen, der angibt, seine Schwester getötet zu haben; anschließend hat er mit dem Mörder den Tatort besichtigt. Der Mann zeigte ihm die Leiche und rekonstruierte den Mord. Der Richter ließ den Körper des jungen Mädchens für die Obduktion zum Krankenhaus von Rafidich bringen; danach wurde die Leiche der Familie übergeben.
Urteil: zwei Wochen Freiheitsstrafe.

Übersetzung von Auszügen aus der Tageszeitung „El QUDS"
31. Januar 1980

Mordversuch gegen eine Frau in Khan Younés

GAZA – Ein etwa 28 Jahre alter Mann hat sich ins Haus seiner Kusine im Stadtteil Zeitoun in Gaza, eingeschlichen. Er hat der ca. 40 Jahre alten Frau mehrere Messerstiche beigebracht; anschließend verließ er das Haus und schrie, er habe „die Schande getötet". Dann ging er zur Polizeistation in Khan Younés, die die Polizei von Gaza alarmierte. Daraufhin wurden sofort ein Polizeibeamter, sein Assistent, mehrere Polizeiwächter, Ermittlungsbeamte und ein Beamter der Staatsanwaltschaft zum Tatort geschickt. Das Opfer wurde in kritischem Zustand ins Krankenhaus eingeliefert.
Der Verbrecher gab gegenüber dem Staatsanwalt zu, seine Missetat begangen zu haben, um die „Schande zu waschen". Er wurde festgenommen und wartet im Gefängnis auf den Abschluß der Ermittlungen.

5. September 1980
Haus in Brand gesteckt – eine Frau und ihr Kind starben

Rafah – Sonderberichterstatter des QUDS –
Ein Brand in einem Haus der Stadt tötete eine junge Frau – Naima Abul Eingin – 22 Jahre alt, ihren Sohn Hassan – 8 Monate alt – und ihre Mutter – 50 Jahre alt –. Ihre Schwester erlitt schwere Verbrennungen. Eine weitere Frau wurde leicht verletzt.
Da die Spurensicherung brennbare Stoffe am Ort fand, geht die Polizei davon aus, daß es sich um Brandstiftung handelt und hat die Festnahme von Naimas

Bruder veranlaßt, der verdächtigt wird, die Tat begangen zu haben, um die Familienehre zu rächen. Tatsächlich hatten die Opfer des Feuers vor einiger Zeit ihre Männer verlassen und dabei den Zorn einiger Familienmitglieder auf sich gezogen, die diesen Frauen vorwarfen, Schande über die ganze Familie zu bringen.

Auszug der schweizer Tageszeitung „24 Heures"
10. September 1980

Tragische UNO-Liebe

Ein junges christliches Mädchen aus Südlibanon, 16 Jahre alt, das vor kurzem das Kind eines senegalesischen Blauhelms auf die Welt brachte, wurde von Mitgliedern seiner Familie getötet, „um ihre Ehre zu reinigen", berichteten Dorfbewohner gegenüber Journalisten in Métoulla, in der nordöstlichen Spitze von Israel.
Wayiba Ali Tourmouss, aus dem Dorf Taloussa, hatte vor einigen Wochen im Krankenhaus von Safed, Hochgalilei (Israel), ein kleines Mädchen geboren, das den Vornamen Erskina bekam (nach dem Namen des Kommandanten der Friedenstruppen der UNO in Libanon, des Ghanesischen Generals Emmanuel Erskine).
Um dem Zorn ihrer Eltern zu entfliehen, floh das junge Mädchen nach Beirut, nachdem es sein Baby bei Leuten untergebracht hatte, die es adoptieren wollten. Jedoch, so berichten die Bewohner von Taloussa, fand Wayibas Familie ihre Spur wieder.

Auszug aus der französischen Zeitung „LE MATIN"
9. Dezember 1980

Er konnte es nicht ertragen, daß seine Tochter „westlich" lebt

Mohand Berbache, 37 Jahre alt, wurde wegen Mordes an Khebiddja, 14 Jahre alt, vor dem Schwurgericht von Douai (Dep. du Nord) verurteilt.

„Ich habe gerade meine Tochter getötet." Der Mann, der sich am 9. April 1979 beim Zollamt von Quiévrechain bei Valenciennes (Dept. du Nord) stellte und diese ruhige Aussage machte, erschien gestern vor dem Schwurgericht von Douai (Dept. du Nord). Mohand Berbache, 37 Jahre alt, Vater von sechs Kindern, aus Algerien, konnte es nicht ertragen, daß seine Tochter Khebiddja, 14 Jahre alt, mit Jungen umgeht und „westlich" leben möchte.
Er antwortet auf die Fragen des Vorsitzenden Hugues mit sehr schwacher Stimme und wiederholt ständig, daß es sich für ihn um algerische traditionelle Sitten handelt, gegen die ein algerisches Mädchen nicht verstoßen darf: immer den Eltern gehorchen, nicht mit Jungen reden, sie nicht ansehen. Er selber wurde mit 15 Jahren mit einer Frau verheiratet, die er nicht kannte. „Und Sie finden

das normal?“ fragte der Vorsitzende Hugues. Mohand Berbache zuckt leicht mit der Wimper. „Das ist so, ich weiß es nicht, ich kann die Sitten nicht ändern.“ Alle Männer der Familie – der Vater, der Bruder – haben während des Prozesses wiederholt, daß Mohand schuldig am Mord seiner Tochter sei, aber „es ging um seine Ehre“.
Khebiddja war 14 Jahre alt, Schülerin der 3. Klasse am CES Jean- Froissart, in Quiévrechain. Sie war immer eine sehr gute Schülerin gewesen bis zu diesem 2. Trimester des Schuljahres, als sie wegen Disziplinlosigkeit für 5 Tage aus der Schule verwiesen wurde. Für ihren Vater, der sich von einer stationären Behandlung wegen psychischer Depressionen kaum erholt hatte, kam zu dieser Schande eine noch viel schwerwiegendere hinzu: er hatte Khebiddja auf der Straße getroffen, als sie Hand in Hand mit einem 19jährigen jungen Mann stand.
Als seine Tochter ins väterliche Haus zurückkam, nachdem sie für ein Wochenende weggeblieben war, entschied er, sie nach Algerien zu ihrer Großmutter zu schicken, aber der Vater des jungen Freundes von Khebiddja schlug vor, die beiden zu verheiraten. „Es war eine große Freude ... als wäre ich Millionär geworden ... meine Ehre war gerettet“, sagte später Mohand Berbache.
Er rennt zum Rathaus, um sich über die Bestimmungen für die Eheschließung einer Minderjährigen unter 15 Jahren zu erkundigen und kommt nach Hause, um Khebiddja die große Neuigkeit mitzuteilen. Sie ist in ihrem Zimmer, sitzt auf dem Bett. Sie will nichts von einer Heirat hören; sie traf sich mit ihrem Freund, „um sich zu amüsieren“. „Du willst Dich über meine Würde amüsieren, das tat bisher noch niemand“ drohte der Vater. „Es lohnt sich nicht, darauf zu bestehen, es ist einfach so“ soll das Mädchen geantwortet haben. Dann „ich weiß nicht, was mit mir geschah, ich habe zugedrückt“, erinnert sich Mohand Berbache. Khebiddja hat sich nicht gewehrt, sie ist auf den Boden zwischen die zwei Betten gesunken, erwürgt, tot. In der Anklageschrift wird erwähnt, daß nach der ärztlichen Untersuchung „das junge Mädchen Jungfrau war“ – als würde diese Tatsache dem Verbrechen noch eine zusätzliche Absurdität verleihen, woran es wahrhaftig nicht fehlte.
Der Präsident, dessen Hand auf dem Koran ruht, den er vor dem Prozeß gelesen haben soll, fragt erneut: „Aber auf den Straßen in Algerien verhalten sich die jungen Leute doch so wie alle anderen jungen Leute.“ „Weil sie ihre Traditionen, ihre Religion verstoßen“ wiederholt Mohand Berbache. Für ihn gibt es keinen Ausweg. Dieser Mann, der „unter dem Gefühl leidet, ein Außenseiter zu sein“ und dem man in Frankreich vorwirft, nicht „westlich genug“ zu sein, in Algerien dagegen „zu westlich“, der konnte die europäische Freiheit seiner Tochter nicht akzeptieren. Zweifellos wird der Zusammenprall beider Mentalitäten im Mittelpunkt der zweiten Anhörung des Prozesses stehen, der heute fortgesetzt wird.

Aus Sudan, 1979

„Female circumcision and its consequences for mother and child" by Dr. A. El Dareer, Sudan
Extract page 10. Paragraph 6.

After affects of circumcision:
(...)
Complications at time of menarche. Due to very tight opening there is difficulty in passing of menstrual blood which may need decircumcision again by a midwife or doctor „tascheem". The shy and uneducated girl remained tight for a long time. This might lead to the accumulation of menstrual blood, a situation known as „crept-omenorrhoea".
A poor girl lost her life due to this reason. The accumulated blood led to increase in the size of the abdomen. Together with the absence of menstrual blood made her family thought that she was pregnant and they killed her for the prestige of the family.

Die toten Prinzessinnen und die, die noch sterben werden

Ich kenne die Wörter nicht, die meinen Schmerz ausdrücken könnten.
Ich kenne die Wörter nicht, die wie Tränen ausssehen.
Francis Bronhard

Mansourah

Mansourah, Vollwaise, wohnte allein in einer Hütte neben den Zuckerfeldern. Mit 19 Jahren wurde sie von einem gewissen Ahmad ... vergewaltigt. Sie führte ihr normales Leben weiter bis zum 9. Monat, als sie die Geburtswehen spürte. Eine Nachbarin, die Bescheid wußte, rief einen Krankenwagen, um sie zur Geburtshilfeklinik zu bringen. Angesichts der Mentalität riet ihr die Nachbarin, zu sagen, daß sie mit einem Soldaten verheiratet sei, der an der Front kämpfe. Aber ungeschickt und überfordert durch die Aufregung und die Schmerzen hat sie die Wahrheit nicht leugnen können. Der Krankenpfleger, der bald die „Affaire" entdeckte, gab ihr bei jeder Frage eine Ohrfeige. Und alle fragten: „Wieso haben dich deine Eltern am Leben gelassen?" Sie lachten sie aus, sie zeigten nach ihr mit dem Finger. „Ein Mädchen, das so etwas tut, verdient den Tod ..."
Schließlich ist das Kind nach einer schwierigen Geburt auf die Welt gekommen. Die Polizei wird benachrichtigt: das Kind soll der Mutter weggenommen und in Obhut des Staates gestellt werden, der im Prinzip einen Platz für es vorgesehen hat: eine Art Kinderheim (aber tatsächlich eher ein Kaninchenstall) in dem die Mehrheit der Babys wegen mangelnder Pflege, Hunger oder Infektionskrankheiten stirbt ...

Mansourah durfte ihren Sohn ca. eine Woche wegen der Nachlässigkeit der Polizei behalten, die erst so spät kam. Aber das Warten hat sie immer stärker an das Kind gebunden. Den ganzen Tag pflegte sie es eifersüchtig, und wenn sie eine männliche Stimme hörte, rannte sie zum Kind, in der Angst, die Polizei wäre gekommen.

Dann geschah das Unglück: der Polizist nahm ihr das Kind gewaltsam weg. Die Szene war herzzerreißend: Mansourah schrie und drückte das Baby an die Brust, sie lief hin und her und versuchte, der Polizei zu entkommen. Aber schließlich nahmen sie ihr das Kind und schlugen auf sie ein.

Das Kind starb eine Woche später ... Mansourahs Onkel tauchte auf, um sie zu töten, wie die Sitten es verlangen. Die Arme irrte einige Zeit umher, bis ich für sie einen Platz in einer guten Familie fand ... hoffnungsvoll.

Eines Tages war sie verschwunden. Wohin? Wie? Suchen lohnt sich nicht. Es ist so ... Es ist das Schicksal der Armen und Schwachen ...

Manal

Ich habe in der Gynäkologie eine 27jährige Frau behandelt. Sie wurde operiert wegen einer Geschwulst von ca. 4 kg in der Gebärmutter. Der Chirurg, der die Mentalität kennt, gab der Mutter der Patientin das Fibrom. Diese wickelte es in ein Papier, trug es auf ihrem Kopf und rannte zum Dorf, um es allen zu zeigen und die Ehre der Familie zu retten ... Aber die Leute in ihrer Unwissenheit glaubten es ihr nicht und verstanden nichts. Die Mutter kam sehr traurig zum Krankenhaus zurück, um bis zur Genesung bei ihrer Tochter zu bleiben. Zwei Tage vor der Entlassung ließ die Mutter sie keinen Augenblick los; sie bedrängte sie, flüsterte ihr ständig ins Ohr, sie sollte das Angebot der Mutter annehmen ... Gift nehmen. In der Nacht gab die Tochter nach. Die Mutter drehte ihr den Kopf nach Mekka, der heiligen Stadt der Moslems, dann ließ sie die Tochter das Gift trinken ... Am nächsten Morgen rang die junge Frau auf entsetzliche Weise mit dem Tod, dann starb sie. Die Mutter war zufrieden und lobte Gott, weil Er die Ehre der Familie durch das Opfer der Tochter gerettet hatte und ihr das Martyrium durch den Vater oder den ältesten Bruder erspart hatte ...

Ratiba

Es handelt sich um eine junge Mutter, 32 Jahre alt. Sie kam wegen einer Ausschabung ins Krankenhaus. Sie hatte viele Freunde und Freundinnen an ihrem Arbeitsplatz. Als sie aus dem Operationssaal kam, umkreisten sie sie alle. Als sie von der Anästhesie aufwachte, machte sie, wie alle Frischoperierten, viele Bewegungen. Unglücklicherweise versuchte einer ihrer Freunde, sie zu halten, damit sie nicht vom Bett fiel und deckte sie immer wieder zu. Der Ehemann sah es und wurde zornig. Er wollte sie sofort mit nach Hause nehmen, noch bevor sie vollkommen bei Bewußtsein war. Der Assistenzarzt und ich haben es kategorisch abgelehnt und versucht, ihn über die Gefahren aufzuklären ... aber wir wußten nicht, was er mit seiner Frau vorhatte, weil er an ihrer Treue ihm gegenüber zweifelte!

Eine andere Patientin, die das traurige Ende von Ratiba ahnte, klärte mich auf, damit ich beim Ehemann intervenierte und ihm die Unschuld der jungen Frau beteuerte, die ich kannte und gern mochte, weil sie sanft, sauber, schön und fleißig war. Sie gefiel allen Menschen.

Nach einem langen Gespräch mit dem „Bär“: mir schien, daß sich seine Wut legte ...

Aber gegen 22.00 Uhr wurde Ratiba in eine Karre gesteckt und weit außerhalb der Stadt in die Wüste gebracht, wo der Ehemann und sein Bruder sie zu Tode gesteinigt haben. In der Karre ließ der Mann sie hin und her rollen, so daß der Kopf gegen die Eisenstäbe schlug und „brannte“. Als sie tot war, brachten sie sie ins Krankenhaus zurück und sagten, daß das Pferd einen Unfall verursacht hätte.

Als ich am nächsten Morgen zum Krankenhaus kam, hörte ich die traurige Nachricht. Ich bin sofort zum Leichenschauhaus gegangen. Ratiba war entsetzlich verunstaltet: ihr Körper war blau, ihr Kopf unheimlich geschwollen.

Vierzehn Tage später heiratete der Mann wieder, während seine zwei kleinen Töchter auf der Straße herumlungerten.

Als ich ihm Vorwürfe machte, sagte er mir, daß die Familienehre über alles Vorrang hätte und daß es kein Gesetz gegen ihn gäbe. Alles wurde stillschweigend vertuscht, obwohl alle die Tragödie der Unschuldigen kannten.

Nabila

Im Juni 1974 wurde Nabila Opfer der Ehre ihrer Eltern, die auf den zweiten Schlag ihrer Vernichtung nicht verzichtet haben ...

Wer ist Nabila? Ein junges syrisches Mädchen, 16 Jahre alt, außergewöhnlich schön, mit langen Haaren ... eine ausgezeichnete Schülerin an einer gemischten höheren Schule. Unter den Mitschülern bevorzugte sie Sami (16 Jahre alt). Auch er war ein guter Schüler und kam aus einem nahegelegenen Dorf. Kurz, eine reine Freundschaft verband die beiden Jugendlichen.

An einem Feiertag: Sami steht unter dem Balkon von Nabilas Haus. Da diese die engstirnige, harte Mentalität ihrer Eltern kennt, versucht sie, Sami zu warnen, schreibt ihm einen Zettel und beeilt sich, ihn hinunterzuschmeißen. Aber ihr Bruder, der sie beobachtet, ertappt sie und nimmt ihr den Zettel aus der Hand; dann schreit er, es sei ein Skandal, weil seine Schwester gewagt hatte, zu schreiben: „Mein Liebster, schleiche nicht um das Haus herum ... ich habe Angst, daß meine Eltern Dich sehen ... Wir sehen uns morgen wieder." Wußte sie, daß morgen ein Unglückstag sein würde? ... Vor Tagesanbruch wurde Nabila von der Polizei gefunden: Schwellungen überall, entstellt, den Kopf rasiert, Rippen und Beine gebrochen, einen Zettel in der Hand, damit man an Selbstmord glaubte. Aber die Wahrheit sieht ganz anders aus, sie wird es Sami gestehen. Da Nabila einen Zettel werfen wollte und daran gehindert wurde, wurde sie verdächtigt, mit Sami sexuelle Beziehungen gehabt zu haben, und deswegen von ihrem Bruder und Eltern vom Balkon hinuntergeworfen. Die Polizei benachrichtigt die Eltern und bringt sie zum Krankenhaus. Die Eltern verheimlichen ihr Verbrechen und scheinen alles zu tun, um ihre Tochter zu retten. Sami ist sich der Aufrichtigkeit und Unschuld von Nabila sicher. Er besucht sie heimlich; sie erzählt ihm, was sie durchgemacht hat, bittet ihn aber, nichts davon zu erzählen.

Ihre Eltern machen ihr keine Vorwürfe mehr, sie verläßt sich darauf; sie zeigen sich sehr glücklich, bis sie gesund ist und nach Hause zurückkehrt.

Katastrophe ... sie stirbt plötzlich am darauffolgenden Tag. Sie beeilen sich, sie einige Stunden später zu beerdigen ... Sami wird benachrichtigt ... Wahnsinnig vor Schmerzen erahnt er die Todesursache. Er handelt schnell, unterstützt von einem seiner Verwandten, der einen höheren Posten bei der Ermittlungsbehörde hat; auf dessen Anordnung wird Nabila sofort wieder ausgegraben ... obduziert. Tod durch Vergiftung. Zweite Erkenntnis: sie ist unbefleckt: ...Jungfrau!

Da die Eltern sich nicht mehr mit dem Argument entlasten konnten, daß sie sie vergiftet hatten, um ihre Ehre zu retten, denn sie hatte sie nicht befleckt, brachte Sami sie vor Gericht. Sie wurden festgenommen. Vor dem Gesetz wurden sie zur Freiheitsstrafe wegen Mord verurteilt, gemildert durch den Umstand, daß sie gehandelt hatten, um die Ehre zu retten, die sie durch ihre Tochter befleckt glaubten, die nun unschuldiges Opfer eines Hirngespinnst wurde ...

Fawzia

Fawzia ist ein junges Mädchen von 16 Jahren, um das ich mich seit einem Monat kümmere. Sie war schwanger. Sie wohnte mit ihrer Mutter, Witwe, im Lager von A... Sie hatte 4 Brüder in B... Einer von ihnen wurde von der Mutter benachrichtigt und kam, um seine Schwester zu töten. Er ging am nächsten Tag zurück nach B... Die Mutter hat erst einen Tag nach der Abfahrt des Bruders die Polizei informiert.

Aus einer Lokalzeitung

Zwei junge Frauen in L... ermordet.
Die Geschichte: man hat eine von beiden mit einem Freund gesehen. Ihr Mann (der selbst im Ausland ist) ließ sie durch seine Eltern in ihre eigene Familie zurückbringen.
Die Leute in der Umgebung fingen an, darüber zu sprechen. Ihr Bruder „konnte diese Gerüchte nicht ertragen“ und deshalb ermordete er sie. Ihre Schwester versuchte, sich zwischen die beiden zu stellen. Er tötete auch sie.

Mariam

Es handelt sich um ein junges Mädchen von 18 Jahren, um das ich mich seit ihrer Niederkunft kümmerte. Ihr Vetter, der im selben Haus wohnte, hatte sie vergewaltigt. Da sie ihr Schicksal kannte, kam sie zu einer Ordensschwester und erzählte ihr, was geschehen war. Die Schwester hat daraufhin den Eltern erzählt, daß das Mädchen eine Arbeitsstelle in einem Kloster hätte und sie schickte ihnen auch regelmäßig eine Summe Geld, als wäre es der Monatslohn ihrer Tochter ...
Durch die Mitwirkung eines einflußreichen Mannes wurde der Vetter zum Heiraten gezwungen. Das geschah in einem christlichen Milieu, wo die Strafe milder ausfällt. So hat man das Baby und die Mutter gerettet. Folge: eine schreckliche Ehe ... die Frau ist immer noch ein Opfer.

Yasmina

Yasmina ist 35-40 Jahre alt, Mutter von 6 Kindern. Nach dem Tod ihres Mannes wohnte sie im selben Haus mit dem ältesten Sohn des Mannes (aus seiner ersten Ehe) und ihren eigenen Kindern.
Eines Tages erwartete sie ein Kind vom ältesten Sohn. Ob es sich um Vergewaltigung gehandelt hat oder nicht, haben wir nie erfahren. Sie versteckte ihren Zustand unter mehreren Kleidern und als es so weit war, verließ sie das Dorf, um das staatliche Krankenhaus aufzusuchen. Yasmina bringt ein kleines Mäd-

chen zur Welt, legt es auf die Grenzmauer vom Krankenhaus und verschwindet. Es ist mitten im Winter, es regnet stark an diesem Tag. Das kleine Kind stirbt auf der Mauer, und Yasmina wird auf der Straße festgenommen. Sie gesteht, die Familie erfährt davon und beschließt, sie zu töten.
Glücklicherweise wird Yasmina zu einer Gefängnisstrafe verurteilt. Doch ein Delegierter des Internationalen Roten Kreuzes warnt mich, eine der gefangenen Frauen, deren Familie auf die Freilassung wartet, um sie zu töten, würde am selben Tag entlassen. Es handelt sich um Yasmina. Man muß sie verstecken. Ein befreundeter Arzt aus D... ist bereit, sie zu empfangen und in seinem Krankenhaus arbeiten zu lassen. Sie wird sofort vom Gefängnis zum Krankenhaus gebracht. Der Arzt gibt an, daß sie eine Freundin der Familie ist und versucht mit allen Mitteln, die Geschichte geheimzuhalten. In einer solchen Situation sind zwei Leute in Gefahr, wenn die Sache herauskommt. Yasmina und er selbst.
Nach sechs Monaten im Krankenhaus, wo sie wohnt, ohne herausgehen zu dürfen, sucht ihre Familie sie immer noch. Trotzdem möchte sie weggehen. Der Arzt ist sich der Gefahr bewußt, wenn sie geht, und da sie keinen Personalausweis aus D... hat, weil sie aus T... stammt, beschließt er, sie bei sich zu Hause einzustellen, als Kinderfrau für seinen eben geborenen einzigen Sohn. Yasmina wird zur Familie gehören. Nach und nach darf sie mit der Frau des Doktors hinausgehen. Dann läßt man ihr Ausweispapiere ausstellen und vor kurzem hat der Arzt ihr eine Stelle in einem Kinderzentrum vermittelt.
Vier Jahre sind seit ihrer Festnahme vergangen.
Gleichzeitig haben wir uns um die Kinder gekümmert, die allein geblieben sind, von der eigenen Familie und dem ganzen Dorf abgelehnt. Als die Mutter verschwand, war der älteste Sohn 15 Jahre alt. Die jüngste Tochter war 5. Die Sozialhilfe konnte ihnen nicht helfen, weil sie keine Ausweispapiere hatten. Sie waren alle auf der Karte der Mutter mit aufgeführt und die war verschwunden. Wir konnten auf anderem Weg helfen, aber das jüngste Mädchen hat sehr unter dem Wegbleiben der Mutter gelitten, denn sie glaubt, daß sie tot ist. Es geht ihr physisch und psychisch sehr schlecht. Sie spricht nicht mehr.
Als wir vorschlugen, sie in Pflege zu geben, lehnte der älteste Bruder ab. Er weiß, daß die Mutter nicht gestorben ist, aber er weiß nicht, wo sie ist. Er wollte nicht, daß seine kleine Schwester einer Mutter gegeben wird, die ihnen so viel Leid verursacht hat. Und um es auf jeden Fall zu verhindern, darf sie das Haus nicht verlassen.
Er selbst mußte wegen der Familiensituation ein häßliches und ungesundes Mädchen vom Dorf zur Frau nehmen. Besseres bekam er nicht.
Währenddessen ist der älteste Sohn des Vaters, der die ganze Tragödie verursacht hat, mit seiner Familie nach L... gezogen.
Es ist möglich, daß Yasmina ihre Kinder nie mehr sehen wird, jedenfalls noch lange Zeit nicht. Ich gebe ihr ab und zu Nachrichten von ihnen. Sie interessiert sich nur vage dafür. Sie spricht niemals vom ältesten Sohn, fragt vor allem nach den jüngeren Söhnen. Wie üblich, zeigt sie für die Töchter wenig Interesse.

(11.7.1980)

Die Frau, die bei unserem Freund, dem Arzt, Unterkunft gefunden hat, hat am meisten Glück gehabt. Sie lebt jetzt in D... und verläßt es nie. Sie hat einen Personalausweis von D..., eine Arbeitsstelle, und sie hat vor einigen Tagen die Familie des Arztes verlassen, um in einem eigenen Zimmer zu wohnen.

Hoda

Im Distrikt R. erwartet eine junge moslemische Frau ein Baby. Der Vater des Kindes, der bereits einmal verheiratet ist (nach dem Islam darf er 4 Frauen haben), ist bereit, sie zu heiraten. Die Mutter der jungen Frau erfährt von der Schwangerschaft der Tochter und droht, sie früher oder später zu töten. Das junge Ehepaar geht in ein anderes Dorf.
Das Baby, ein Junge, wird geboren. Zwei Jahre später bekommt sie noch eine kleine Tochter.
Vor zwei Monaten fand man die Frau durch Messerstiche ermordet in ihrer Wohnung. Die beiden Kinder waren am Leben. Der Vater selbst bekommt auch Morddrohungen von Abgesandten der Familie seiner toten Frau. Er nimmt die beiden Kinder und zieht ins Dorf seiner ersten Frau. Diese empfängt die beiden Kinder sehr widerwillig, denn auch sie fürchtet, wegen ihnen und ihrem Mann getötet zu werden. Dieser arbeitet an einer Baustelle und, wie viele seiner Kollegen, kommt er nur donnerstags, an seinem freien Tag, nach Hause. Die Nachbarn berichten ihm, daß die beiden Kinder den ganzen Tag auf der Straße herumstreunen, manchmal sogar nachts. Das heißt, die Stiefmutter setzt sie vor die Tür. Er selbst kann die Kinder nicht bei sich haben, meint er, denn auch sein Leben ist bedroht. Die Leute vom Dorf beschließen, eine Sozialarbeiterin zu alarmieren, damit sie für die Kinder eine Bleibe sucht. Der kleine Junge, 5 Jahre alt, ist seit drei Tagen in einem Waisenhaus. Sein Oberarm ist zwar nicht lahm, aber er kann ihn kaum benutzen; wir werden ihn in der Orthopädischen Klinik mit unseren Kindern pflegen lassen.
Aber die Waisenheime sind überfüllt, und das kleine Mädchen bekam noch keinen Platz; sie ist immer noch im Dorf.
Im Augenblick sehen wir keine Möglichkeit für eine Adoption, denn der Vater wird nicht zustimmen und die moslemischen Angestellten des Sozialamts wissen von der Existenz der Kinder. Vielleicht ergibt sich das später. Dringend ist es jetzt, einen sicheren Platz für das kleine Mädchen zu finden.

Wir könnten noch über weitere Beispiele berichten. In manchen Fällen könnten wir die Frauen retten, wenn wir *vor dem Sozialamt* davon erführen, sie verstecken und die Ausweispapiere so schnell wie möglich bekommen könnten, damit sie ins Ausland gehen. Es ist schwierig, aber nicht unmöglich.
Es lohnt sich, alles zu tun, um diejenigen zu retten, die uns aufsuchen, auch wenn sie nur eine kleine Zahl darstellen.

Soraya

15. März 1978

Christliche junge Frau, 21 Jahre alt, aus dem Distrikt C... Wird in einem Krankenhaus für psychisch Kranke gepflegt. Der Vater des Kindes ist Moslem. Sie hat das Kind behalten wollen in der Hoffnung, er würde sie heiraten, aber er ist nach Jordanien geflohen. In ihrem Dorf sind die christliche und die moslemische Gemeinschaft auch fanatisch gegeneinander eingestellt, und selbst der Mann riskierte, getötet zu werden, nicht wegen dem, was er getan hatte, sondern weil er mit einer Christin eine Beziehung hatte.
Die Affaire ist sehr kompliziert, weil politische Persönlichkeiten darin verwikkelt sind. Während einer Woche, die aufregend verlaufen ist, habe ich Soraya an drei verschiedenen Plätzen besucht, an denen sie hintereinander versteckt wurde. Es sieht so aus, als wollen weder ihr Vater noch ihr Bruder sie töten, aber sie sind schwach und von den Ereignissen überrollt. Man kann ihnen nicht einmal sagen, wo sie sich aufhält, weil sie es weitersagen könnten.
Der Rest der Familie, das ganze Dorf und auch die Nachbardörfer sind auf der Suche nach Soraya, mit dem Messer zwischen den Zähnen. Das ist keine bloße Vorstellung, denn wenn sie nicht irgendwie verschwindet, wird die ganze Familie aus dem Dorf weggejagt werden ... Und es handelt sich um eine wichtige Familie.
Die junge Frau hat im Krankenhaus entbunden (und der Arzt, der die Geschichte kannte, hat mich sofort gerufen ... aber ich war in der Schweiz, und er kannte niemanden, an den er sich wenden konnte). Sie ist eine Woche im Krankenhaus geblieben. Am letzten Tag hat ihre Mutter das Kind abgeholt und es dem Bürgermeister von C... (einem sehr einflußreichen Mann) gegeben, der es wiederum einer sehr reichen amerikanischen Familie weitergab, die ich vergeblich suche. Sie haben sicher viel bezahlt, um anonym zu bleiben. Ich habe Soraya gefragt, ob sie ihr Kind haben möchte ... ja ... aber sie kann es nicht, weil ihr Onkel, zu dem sie **allein** gehen soll, sie sonst in V... nicht aufnehmen würde.
Den Onkel gibt es wirklich. Aber die Reise von Soraya wird möglicherweise vor der Ankunft beendet werden.
Gestern bin ich zum Bürgermeister gegangen, um ihm zu erklären, daß wir Soraya in der Schweiz aufnehmen könnten, aber nur mit dem Baby. Ein lebhaftes Gespräch. Das Baby, unmöglich. Der Bürgermeister habe dieser amerikanischen Familie sein Wort gegeben, seine Ehre sei auf dem Spiel (sein Ansehen und auch seine Finanzen) und er hat nicht allzuoft christliche Babys frei für die Adoption. Außerdem erwartet man ein Visum für V... und dahin soll sie ohne Baby gehen.
Immer dasselbe Lied. Ich habe ihn gebeten, doch nochmal darüber nachzudenken und mich bereit erklärt, persönlich mit der amerikanischen Familie zu verhandeln, falls er mir ihren Namen gibt und sie nicht das Land verlassen hat.
Ich gebe zu, mich bedrückt das Leiden der Adoptivmutter, die ihr Kind gerade

bekommen hat. Es ist wirklich eine verzweifelte Situation. Wenn ich mit ihr sprechen könnte, würde ich ihr die Geschichte der echten Mutter des Babys erzählen, und sie selbst entscheiden lassen. Sicher weiß sie nichts davon.

4. April 1978

Soraya, von der ich in meinem letzten Brief sprach, ist schließlich nach V... zu ihrem unbekannten Onkel geschickt worden. Das Baby ist bei einem amerikanischen Ehepaar in Amerika. Dank des Bürgermeisters, der sich so großzügig aus der Affaire heraushielt.

Halima

4. April 1978

Es gibt noch eine schwangere junge Frau, Halima, 21 Jahre alt, die im Augenblick in einem Kloster versteckt ist. Ich habe sie gesehen, konnte aber wegen der Nonnen nicht lange mit ihr sprechen.
Nächste Woche werde ich die Sozialarbeiterin treffen, die ihre Geschichte kennt. Wir werden sehen, in welcher Weise wir intervenieren können.

12. April 1978

Gestern habe ich Halima gesehen. Sie ist im neuten Monat schwanger. Sie hat sich entschieden, in diesem Kloster bis an ihr Lebensende zu bleiben. Nicht, daß sie es möchte, sondern weil sie unglücklich ist, verfolgt, und die Schwestern ihr gesagt haben, daß sie bei ihnen absolut sicher ist, für immer.
Schauen wir uns die Geschichte von Halima an. Sie ist Moslemin und glaubt, 22 Jahre alt zu sein. Eine 15köpfige Familie in einem Haus. Halima ist offensichtlich mißhandelt worden, zuerst vom Vater geschlagen, dann vom Onkel und vom Bruder, sie alle haben sie mehrmals vergewaltigt.
Als sie im 4. Monat schwanger war – was sie ihrer Mutter nicht erzählt hat, denn die Mutter ist ihr gegenüber scheinbar völlig gleichgültig – suchte sie Rat bei einer Frau im Dorf, der sie vertraute. Diese bringt sie zu einem Arzt, der die Schwangerschaft bestätigt ... und die Eltern benachrichtigt. Bedroht und erschrocken läuft Halima in derselben Nacht weg und erst am nächsten Abend findet sie eine Polizeistation. Die Polizei ruft eine Sozialarbeiterin, die Halima ins Kloster bringt. Die Verwandten (der Vater und der Bruder) suchen fieberhaft nach ihr.
Halima will nichts von dem Kind hören, sie will es nicht einmal sehen. Eine Sozialarbeiterin aus der Hauptstadt soll bereits eine Familie dafür vorgesehen haben, aber das muß erst überprüft werden.
Eine sehr aufschlußreiche Tatsache: das erste Mal, als ich mit Halima sprach, war ich in der Anstalt wegen einer anderen Sache, und zwar wegen eines kleinen

herzkranken 10jährigen Jungen, Sohn des „Mannes für alle Dienste" in dem Asyl. Nach meinem Gespräch mit ihr haben die Schwestern Halima sicher danach gefragt, denn bei den späteren Besuchen konnte man sie entweder nicht finden oder sie war beschäftigt und konnte nicht zum Gespräch kommen. Obwohl ich es satt hatte, rief ich gestern die für die junge Frau verantwortliche Sozialarbeiterin an und bat sie, die Schwestern darauf hinzuweisen, daß sie mich mit ihr sprechen lassen müssen. Alle waren gut vorbereitet. Die Oberschwester des Klosters und eine andere Nonne waren beim Gespräch dabei und Halima hatte den Kopf vollgestopft mit allen möglichen Geschichten. Sie sagte, daß sie im Kloster bleiben möchte, obwohl sie weiß, daß ihre Familie sie dort finden kann und ermorden wird. Sie gesteht, daß sie es nicht einmal wagt, in den Garten zu gehen. Höchst widersprüchlich. Aber sie sagt auch, daß die Nonnen gut zu ihr waren und sie möchte sie nicht kränken. Alles klar.
Es ist zwecklos, ein solches Gespräch weiterzuführen. Ich habe einen Termin am Montag mit der Sozialarbeiterin. Sie kann viel tun, wenn sie will. Wir werden sehen, ob sie im Interesse von Halima arbeitet oder ob es ihr genügt zu wissen, daß sie im Kloster „abgestellt" ist. Ohne pessimistisch zu sein, neige ich trotzdem zu der zweiten Möglichkeit.
Ich werde auch sehen, ob ich das Baby herausbekomme und es solange unterbringe, bis Halima sich entscheidet ... vielleicht ...

Mouna

10. Januar 1978

Immer noch in der Nähe von N... Ein junges Mädchen, 14 Jahre alt, erwartet ein Baby, dessen Vater ihr 17jähriger Onkel ist. Er lebt im selben Haus wie sie. Der Familie des Mädchens ist der erste Mordversuch mißlungen, aber die Sache hat immerhin soviel Aufsehen erregt, daß die Sozialhilfebehörde sie aus der Familie genommen hat und in ein sogenanntes „Heim für junge Delinquentinnen" steckte.
Nach der Entbindung wurde das Baby in ein Kinderheim gebracht, wo es bis zum Alter von 5 Jahren bleiben soll, dann soll es in ein Waisenhaus.
Wenn das junge Mädchen einen Fuß auf die Straße setzt, wird es von der Familie getötet. Wenn wir sie ins Ausland schicken wollen, müssen die Eltern eine Einverständniserklärung unterschreiben, denn sie ist minderjährig. Es ist nicht die Frage der Aufgabe der väterlichen Autorität. Sie werden nicht unterschreiben, weil sie vor allem ihre Ehre rächen wollen. Das ist also nicht der rechte Augenblick zur Freigabe der Beute.

26. Januar 1978

Ich habe gerade vor drei Tagen Mouna in der Anstalt gesehen.
Ein sehr kindliches, schüchternes Gesicht. Sie ist jetzt 15 Jahre alt und besucht die Schule mit den anderen Mädchen des Heims. Wir wissen nicht, was sie später tun wird (auch nicht was man ihr antun wird ...). Ein Richter hat sie erst einmal in dieses Heim gesteckt, um sie für ein Jahr zu schützen.
Aus Scham für das, was ihr geschah und vielleicht noch mehr, weil sie es nicht beim ersten Versuch geschafft haben, sie zu töten, haben ihre Eltern das Dorf verlassen und sind nach V... gegangen, auf unbestimmte Zeit.
Der Richter hofft, daß die Eltern mit der Zeit Frieden (Soulha) mit der Tochter schließen werden.
So geschah es einem jungen Mädchen im letzten Jahr, da die Soulha mit den Eltern schon geschlossen war und sie ein paar Tage nach der Rückkehr ins Haus tötlich die Treppe hinunterstützte; und ein anderes Mädchen sprang vom Fenster des Büros des Sozialamts während der „Soulha" mit dem Vater.
Unseres Erachtens ist es wahrscheinlich unmöglich, sie aus diesem Heim herauszuholen, solange sie unter Regierungsvormundschaft gestellt ist. Ich könnte einige Schritte unternehmen, die sicher langwierig wären, doch darin liegt das Problem nicht. Diese Schritte würden aber die Aufmerksamkeit der Angestellten des Sozialamts wecken und würden, bei den wenigen Aussichten auf Erfolg, auch noch die Rettung anderer junger Frauen in Zukunft gefährden.
Im Augenblick scheint es mir also ratsam abzuwarten, daß Mouna ihr Jahr im Heim absitzt und dann zu sehen, was entschieden oder nicht entschieden ist. Es ist nicht ausgeschlossen, daß das Jahr bis zur Volljährigkeit des Mädchens, mit 18 Jahren, ausgedehnt wird. Wie man weiß, neigt die Verwaltung immer dazu, Zeit zu gewinnen, statt die einzige wirkliche Lösung für die Betroffenen ins Auge zu fassen.

15. März 1978

Ich hatte von diesem 14jährigen Mädchen gesprochen, das vom 17 Jahre alten Onkel vergewaltigt wurde. Sie wurde „abgestellt" in einem „Heim für junge Delinquentinnen", ihr Baby in einem Kinderheim. Ich hatte die Hoffnung, sie nach der Zeit aus dieser Anstalt zu holen und habe deswegen die moslemische Sozialarbeiterin aufgesucht, um zu verhindern, daß das Baby an irgend jemanden abgegeben wird mit der schönen Aussicht, Hausmädchen der Familie zu werden. Es war bereits zu spät, es war schon während meines Aufenthalts in der Schweiz geschehen.
Was Mouna betrifft, sie wurde von einem Onkel abgeholt, der eine Erlaubnis der Eltern vorzeigte.
Sie wird einen 70jährigen Mann heiraten. Der Onkel bekam dafür 2.750 Schweizer Franken.

4. April 1978

Um sie versuche ich mich im Augenblick zu kümmern. Einiges hat sich geändert seit meines letzten Briefes. Sie hatte die vom Onkel vorgeschlagene Hochzeit mit einem Mann aus C... ausgeschlagen, aber dieser hat weiterhin Druck auf sie ausgeübt, weil sein Sohn (der junge Mann, der Mouna vergewaltigt hat) in den nächsten Wochen aus der Besserungsanstalt entlassen werden soll. Der Onkel verlangt, daß Mouna zu dem Zeitpunkt außer Landes sein muß.
Mouna war am Ende ihrer Kräfte und gab schließlich auf; sie soll demnächst nach C... geschickt werden, um einen Mann zu heiraten, den sie noch nie gesehen hat, der bereits verheiratet und Vater von geistig behinderten Kindern ist. Ich versuche, die Hochzeit zu verhindern, aber es ist schwierig, weil der Onkel anscheinend das Geld bereits eingesteckt hat, das der zukünftige Mann von Mouna für deren Kauf bezahlt hat. Abwarten.
Bald werden wir es wissen.
Ich erinnere Euch daran, daß das Baby von Mouna einer Familie in V... gegeben wurde.

12. April 1978

Wenig Erfreuliches zu berichten. Die Lage ist auf allen Ebenen gespannt. Mouna und Halima können das Land noch nicht verlassen. Nach Tagen hat die Direktion des Sozialamts, betroffen (oder fast) angesichts meiner wiederholten Proteste, die Heirat von Mouna gestoppt. Keine Heirat, keine Sklaverei in V... Das ist schon mal ein Pluspunkt.
Aber die Betroffenheit war von kurzer Dauer: dieselbe Behörde weigert sich, Mouna die Ausreise aus dem Land zu erlauben. Grund: es war ein moslemischer Richter, der Mouna aus ihrer Familie holte, weil sie dort in Gefahr war. Er hat sie dem Sozialamt anvertraut, das sie in einer Anstalt für junge Delinquentinnen untergebracht hat, wo sie Hilfe und Schutz bekommen soll (...) bis zur Volljährigkeit (18 Jahre). Die Anstalt ist moslemisch, von moslemischem Personal geleitet, d.h., von denselben Leuten, die junge Frauen in der Lage von Mouna verurteilen. Man kann sich vorstellen, wie es ihr dort ergeht. Also weigert sich das Sozialamt aus politischen Gründen, das Mädchen weggehen zu lassen, aus Angst, daß eine Intrige zwischen dem Richter und den Verwandten entstehen könnte. Das ist auch schon in bezug auf die Kinder geschehen.
Übrigens, ich darf Mouna in der Anstalt nicht besuchen. Blockade auf der ganzen Linie.
Es ist besser, das schlechte Gewissen in den nächsten Tagen zur Ruhe kommen zu lassen. Da die Leute viel reden, kann man nichts tun, ohne daß die ganze Gegend davon erfährt, und das erschwert die Arbeit sehr.
Ich warte auf eine Reaktion von Mounas Großvater. Nach seiner Enttäuschung wegen der Anullierung der Hochzeit, wird er sicher eine andere Lösung suchen, damit Mouna verschwindet, bevor sein Sohn (derjenige, der das Mädchen vergewaltigt hat) aus der Besserungsanstalt entlassen wird.

Er kann es kaum schaffen. Es ist nicht einfach, sie im Heim zu töten. Er weiß von der Möglichkeit, sie ins Ausland zu schicken, und daß die anderen Moslems sie nicht loslassen. Trotzdem wird er eine Lösung finden, und darauf warte ich.

12. Juni 1978
Gibt es Fortschritte in der Sache Flüchtlingsstatus? Da ich auf Nachricht warte-te, habe ich meine Untersuchungen verlangsamt, aber ich habe das Gefühl, daß die Affaire um die kleine Mouna bald wieder in Bewegung kommt. Dieses Mädchen erlebt einen echten Alptraum. Als sie damals verkauft wurde, um den alten Mann zu heiraten, konnte ich einigen Mitverantwortlichen ins Gewissen reden und die Heirat verhindern, aber die Behörden ließen mich nicht weitermachen aus Angst vor einer Intrige. Nach einem Zeitraum von relativer (und gespannter) Ruhe scheint mir, daß sich wieder etwas tut. Aber ich weiß noch nicht in welcher Richtung.

11. Juli 1980

Mouna wurde vom Sozialamt einem Ehepaar gegeben, das eine Dienerin brauchte. Ich habe versucht, ihre Spur zu finden, vergeblich. Ich weiß nicht, ob sie lebt oder tot ist.

Mounira und Alia

April 1978

Mounira ist etwa dreißig Jahre alt. Sie wurde mit 13 Jahren verheiratet und bekam in der Ehe 6 Kinder:
- 1 Junge, 17 Jahre, in C...
- 1 Junge, 16 Jahre, in C...
- 1 Junge, 15 Jahre, im Waisenhaus von D...
- 1 Mädchen, 10 Jahre, im Waisenhaus von D...
- 1 Junge, 7 Jahre, im Waisenhaus von D...

Vor 7 Jahren wurde Mouniras Mann aus politischen Gründen ausgewiesen, dann ließ er sich scheiden (es genügt, eine Scheidungsurkunde zu schicken). Da die Kinder dem Manne gehören, wurden die beiden Ältesten nach C... geschickt und die jüngeren von der Familie des Vaters ins Waisenhaus von D... gesteckt.
Zwei Jahre später trifft Mounira einen Mann, den sie liebt und von dem sie eine kleine Tochter, Alia, hat. Alias Vater ist bereits verheiratet und hat andere Kinder, aber Mounira hofft, daß er sie wegen der kleinen Tochter heiraten wird. Er darf, wenn er es möchte.
Aber die Zeit vergeht, und er läßt sich lange nötigen. Mounira führt ein schweres Leben allein mit Alia. Im arabischen Milieu wird sie als Prostituierte angesehen. Mit Alia auf dem Arm geht sie putzen. Erster Mordversuch durch einen

Mann von der Familie ihres Ex-Ehemannes: ein Messerstich unterhalb der linken Brust. Es geschah nachts; der Mann schlich sich in das Zimmer, in dem sie mit ihrer kleinen Tochter wohnt.
Damals erfuhr ich von der Geschichte und traf Mounira. Ich habe Alia, damals 2 Jahre alt, in ein Waisenhaus in I... eingeschrieben. Da sie uneheliches Kind ist, ist es unmöglich, sie zu ihren ehelichen Halbbrüdern und -schwestern ins Waisenhaus von D... zu bringen. Außerdem habe ich das Sozialamt und die Polizei alarmiert, damit sie der Sache nachgehen und Mounira so gut wie möglich helfen können. Umsonst. Das Problem ist zu kompliziert und soll ... in der Familie geregelt werden. Einige Zeit später bat mich Mounira, Alia aus dem Heim zu holen, denn der Vater ist endlich bereit, sie zu heiraten.
Die Schwestern wollen nichts von den Bitten von Mounira hören, denn sie stellt in ihren Augen die Verkommenheit in Person dar.
Wir nehmen die Kleine heraus und einige Tage später fahren Mounira, ihr künftiger Ehemann und einige seiner Freunde mit dem Auto nach G... zur Hochzeit. Sie werden dort nicht ankommen. Ein anderes Auto zwingt sie zu halten und ein Streit entzündet sich. Mounira wird verletzt, kann aber weglaufen, aber ein Mann wird getötet und ein anderer, der schwer verletzt ist, wird ins Krankenhaus eingeliefert. Mouniras künftiger Ehemann hat den Schlag versetzt, der den Mann tötete. Er sitzt jetzt im Gefängnis. Die Untersuchung ergab, daß wieder einmal Mouniras Ex-Familie versucht hat, sie aus dem Weg zu räumen, um eine neue Heirat zu verhindern. Alia war nicht bei dem Unfall dabei. Glücklicherweise. Ich habe es geschafft, sie wieder ins Heim zu bringen, nach einem unbeschreiblichen Plädoyer vor den Schwestern, die nichts mehr von der Kleinen wissen wollten, wegen ihrer Mutter. Dieses Gespräch werde ich eines Tages zur Unterhaltung „life" erzählen.

Das geschah vor ungefähr zwei Jahren. Monatelang habe ich die Kleine im Heim gesehen, aber nichts mehr von Mounira gehört. Die Schwestern sagten, sie käme ab und zu vorbei mit einem Paar Schuhe oder einem Schlafanzug für Alia. Eines Tages kommt Mounira wieder. Ein Mann hatte zugesagt, sie zu heiraten, unter der Bedingung, daß Alia außer Landes geht, denn niemand dürfe erfahren (wegen seiner Ehre), daß Mounira ein uneheliches Kind hat. Ich überlege, daß die Kleine in einer Familie besser aufgehoben ist als bei einer Mutter, die weder die finanziellen Mittel besitzt noch die Möglichkeit, innerhalb der Gesellschaft, zu der sie gehört, sich angemessen um die Tochter zu kümmern, und beginne mit den Behördengängen, um ein „laissez-passer" zu bekommen. Aber bald muß ich aufgeben, denn Mouniras Papiere sind nicht in Ordnung. Also muß man neu anfangen. Die Sache ist nicht einfach, denn Mounira kommt nie, wenn ich sie brauche: ihr künftiger Ehemann läßt sie nicht ausgehen und es ist unmöglich, sie zu besuchen. Es ist eine echte Gefangenschaft.
Die Papiere werden nie fertig, denn es fehlen die notwendigen Unterschriften. Nach langem Schweigen erscheint Mounira wieder, verweint, abgemagert. Sie lebt in S... mit ihrem Mann (er hat sie wohl geheiratet), seiner ersten Frau und fünf Kindern. Unter den Schlägen der anderen Frau verlor sie die Zwillinge, die

sie erwartete. Sie gibt mir eine Telefonnummer von S... mit einem neuen Vornamen. Da sie die Zwillinge verlor, fürchtet sie, daß ihr jetziger Mann sie zurückschickt und sie dann wieder allein ist, der Ex-Familie ausgeliefert, die sie immer noch töten will.
Erneutes Schweigen, mehrere Monate lang. Am Telefon antwortet man immer, daß Mounira nicht da sei. Es ist beunruhigend. Sie kommt auch nicht mehr Alia im Heim besuchen, die wächst und wächst und sehr niedlich aussieht. Wegen der Schwestern spricht sie besser Französisch als Arabisch.
Dann, vor zwei Tagen, Rückkehr von Mounira, im 5. Monat schwanger: sie erwartet wieder Zwillinge. Aber die Situation ist nicht besser; ihr Mann hat sie einen Monat vorher zurückgeschickt: Er hat ein Treffen zwischen seinem Vater und dem Ex-Schwiegervater von Mounira arrangiert. Dieser hat selbstverständlich dem anderen von Alis Existenz erzählt. Skandal, und nun ist es Pflicht des Sohnes (also Mouniras Ehemann), seine Frau abzulehnen. Genau darauf hatte der Ehemann spekuliert.
Der Skandal dehnt sich aus: die beiden Schwiegerväter, absolut entschlossen, Mounira diesmal aus dem Weg zu räumen, haben ihrem ältesten Sohn gesagt, was er zu tun hat (mit 17 Jahren hat er das Alter, seine Mutter ermorden zu können, zumal ein solches Verbrechen nicht strafbar ist ...) und auch den neun Brüdern von Mounira.
Diesmal wäre es seltsam, wenn sie ihr Ziel verfehlen würden. So ist es. Die Feuilletonromane hätten hier keine Chance. Das ist hier Alltag. Für die nächsten Tage hält sich Mounira bei einer meiner Freundinnen versteckt, die mir erzählte, daß Mounira ununterbrochen weint, sogar beim Essen: „Ihr Teller war voller Tränen!" Appetitlich, nicht wahr?
Ich glaube, daß sie nicht lange dort bleiben kann; wir werden etwas anderes finden müssen. Die Tatsache, daß sie ihre Scheidungsurkunde nicht bei sich hat, ist ärgerlich, weil sie offiziell immer noch unter der Vormundschaft ihres Mannes steht. In der Zwischenzeit werde ich überprüfen, ob die Heiratsurkunde, die sie dabei hat, echt oder falsch ist.
Die Zukunft von Mounira ist ganz offensichtlich: sie wird alles tun, was in ihrer Macht steht, um abzutreiben; sie wird, trotz der Gefahr, nach einem Mann suchen, der sie für ein paar Monate schützen und wie eine Prostituierte behandeln wird, und so weiter, bis sie getötet wird. Denn das ist sicher, früher oder später wird man sie töten.
Übrigens, sie liebt Alia sehr und scheint fest entschlossen, wenigstens die Kleine zu retten. Morgen werden wir etwas veranlassen, damit Alia mit den vorhandenen Papieren in die Schweiz kommt ...
Und Mounira selbst, wie können wir ihr helfen? Ich bin ratlos.
1. Wenn es möglich wäre für sie, Alia und die Zwillinge den Flüchtlingsstatus in der Schweiz zu bekommen, müßte man einen geeigneten Rahmen finden. Sie muß Ruhe finden und verstehen, daß es Gesellschaften gibt, in denen es möglich ist, zu überleben, ohne sich hinter der physischen Kraft eines Mannes zu verstecken (ich meine, ich hoffe es ...).
Aber wie wird eine ausländische Frau mit drei Kindern in der Schweiz auskom-

men? Mounira ist eine sehr abgehärtete Frau, aber sie ist nicht dumm und sie hat Gefühle. Sie weiß, daß sie in dieser Hölle keinen Ausweg hat, aber sie kann sich nicht davon befreien, sie ist dazu verurteilt, sich wie ein Kreisel zu drehen, bis sie zusammenbricht. Sie kann nicht lesen oder schreiben. Unmöglich, das Leben im Ausland ohne Hilfe.

2. Da sie im Augenblick besonders gefährdet ist, sollte man sie erst einmal in der Schweiz bis zur Entbindung aufnehmen und ihre Entscheidung abwarten. Sie weiß, was sie will; falls sie lieber die Gefahr als die Schweiz ertragen kann, wird sie die Kinder dort zur Adoption freigeben und zurückkommen.

3. Man versteckt sie hier solange wie möglich, wenigstens bis zur Entbindung und nimmt die Kinder, die sie keinesfalls behalten kann. Aber ich frage mich, ob sie vor Verzweiflung nicht versuchen wird abzutreiben, um schneller Schutz zu suchen.

Mounira hat in der Brust und im Unterleib die Narben der Messerstiche, die sie bekam und falls nötig, ist sie in der Lage zu erzählen, was ihr geschah und auch anderen Frauen geschieht. Sie spricht nur arabisch. Ich fürchte, daß das Foto von Mounira nur ganz, ganz wenig Leute rühren wird. Die, die gelitten haben, vielleicht ... wenn überhaupt!

11. Juli 1980

Alia wurde adoptiert.

Mounira hat es schließlich geschafft, von einem ihrer Beschützer geheiratet zu werden. Aber er schlägt sie halbtot: sie hat drei Babys während der Schwangerschaft verloren, das letzte im 8. Monat. Ich sehe sie in besonders kritischen Momenten, wenn sie von Wunden und Hämatomen bedeckt hierherkommt. Sie sucht Schutz bei ihrer Schwester in einem Flüchtlingslager, geht aber dann nach ein paar Tagen wieder zu ihrem Mann zurück, weil die Schwester sie nicht ernähren kann.

Soheir

20. Oktober 1979

Das junge Mädchen ist 15 Jahre alt, seinen Namen kenne ich noch nicht. Ihr Vater hat sie ein Jahr lang genötigt, bis ihre Mutter eines Tages mit ihr zur Polizeistation gegangen ist, um den Vater anzuzeigen. Dieser wurde festgenommen und wird demnächst vor Gericht kommen. Selbstverständlich hat er versprochen, Mutter und Tochter zu töten. Aber im Augenblick (und sicher nicht für lange Zeit) ist er im Gefängnis. Nun ist da seine Familie, die sich vorgenommen hat, sein Versprechen in seiner Abwesenheit einzulösen.

Die Kleine ist in H... bei den Nonnen versteckt, die Mutter ist im Heim für geschlagene Frauen in I... „beschützt". Ich schreibe „beschützt" in Anführungsstrichen, weil eine der Frauen vor kurzem von ihrem Mann dort ermordet wurde. Die sechs kleinen Kinder wurden auf verschiedene Waisenhäuser ver-

teilt. Der Tod ist das Schicksal dieses 15jährigen Mädchens. Ich warte, daß die zuständige Sozialarbeiterin von G... nach H... kommt, um mich ins Waisenhaus mitzunehmen. Ohne sie darf ich die Kleine nicht besuchen.
Ich werde Dir von ihr erzählen, sobald ich sie gesehen habe. Aber können wir jetzt schon nach einem Ausweg für sie suchen, in die Schweiz oder woanders hin? Was meinst Du?

18. November 1979

In der Zwischenzeit habe ich Soheir getroffen. Sie ist zusammen mit ihrer Mutter in einem Waisenhaus, wohin die Mutter von I... verlegt werden mußte, weil der Vater freigelassen wurde und die ganze Gegend nach ihr absucht.
Die Geschichte ist in ihren Zusammenhängen einfach, um so dunkler ist die Zukunft angesichts unserer realen Hilfsmöglichkeiten. Denn:
Soheir, 15 Jahre also, gut gebaut, lebendig, intelligent, ist (vermutlich) Tochter eines moslemischen Zuhälters und einer christlichen Prostituierten. Was ihr geschah, wunderte sie überhaupt nicht, weil sie es oft bei anderen gesehen hat. Die Mutter, die die Rippen und Arme vom Ex-Ehemann gebrochen bekommen hat, bringt schon seit Jahren kein Geld mehr nach Hause, und sie hat 7 Kinder geboren; es sieht so aus, als hätte der Zuhälter-Vater vor, Soheir demnächst auch zur Arbeit zu schicken. Er nötigte sie seit 1 1/2 Jahren und drohte sie zu töten, wenn sie den Mund aufmachte.

21. Januar 1980

Soheir ist immer noch im Waisenhaus. Sie geht zur Schule und führt anscheinend ein sehr ruhiges Leben. Es ist unmöglich, sie wegzubringen, denn sie muß im Prozeß gegen den Vater anwesend sein, bei dem sie der wichtigste Zeuge ist. Die Mutter ist wieder zu ihrem Ehemann gegangen, der erneut im Gefängnis sitzt. Sicher nutzt die Frau die Gelegenheit, sich um die kleinen Kinder zu kümmern, für die, aus welch absurden Gründen auch immer, der Vater noch das Sorgerecht hat.
Alles ist also vertagt für die Zeit ... nach dem Prozeß. Ich hoffe, daß die Mutter weiterhin der Abreise der Tochter zustimmt.

Majida

21. Januar 1980

Majida ist eine junge Frau von 24 Jahren, Beduinin aus D. Ich habe sie vor ein paar Monaten kennengelernt, nach der Ermordung ihrer 18jährigen Schwester; man hatte sie mit einem jungen Mann sprechen sehen, während einer öffentlichen Feier. Die Sache verlief folgendermaßen:
In der Nacht kamen zwei Männer ins Haus, in dem Majida mit ihrer Mutter, Brüdern und Schwestern schlief (der Vater ist tot).

Sie haben mit Stöcken rechts und links Schläge verteilt und griffen die junge Schwester an. Sie haben ihr auf den Kopf geschlagen bis der Schädel platzte, dann haben sie sie erwürgt, wie man es mit Schafen tut. Die Mutter, die sich auf die Tochter geschmissen hatte, um sie zu schützen, und noch eine jüngere Schwester wurden durch Messerstiche verletzt. Majida war in einem Raum nebenan mit den jüngeren Kindern; sie wurde auch geschlagen, aber nicht verletzt.
Sobald die Mörder – junge Leute aus der Verwandtschaft – geflüchtet waren, rannte Majida zu einer ihrer Tanten und bat um Hilfe. Diese weigerte sich, sich einzumischen; die Nachbarn haben dann der jungen Frau geholfen, die Mutter und die 16jährige Schwester ins Krankenhaus zu bringen. Die Polizei wurde von dem Arzt im Krankenhaus alarmiert, untersuchte den Fall und nahm zwei junge Leute fest *aufgrund der Anzeige der Mutter*. Am selben Tag wurde die Ermordete von den Nachbarn beigesetzt.
Zwei Wochen später erfuhr ich von Majida die Geschichte, als sie verängstigt eine Zuflucht und eine Arbeit suchte, um den Rest der Familie zu ernähren. Wir haben ihr nach einiger Zeit eine Stelle als Lehrerin in einem Waisenhaus vermittelt (sie hat das „Taoujeeh", das einem Diplom entspricht). Sie ist ein angenehmes Mädchen, sehr einfach und zart; sie verläßt das Waisenhaus nur, wenn sie ihrer Mutter Geld bringt. Vor zwei Wochen ging Majida nach D..., um dort die Schulferien des Halbtrimesters, die etwa 20 Tage dauern, zu verbringen. Als sie ankam, fand sie das Haus leer, Blutflecken an den Wänden und auf dem Boden, die Mutter im Krankenhaus mit 6 Kugeln im Leib und ihre Schwester L..., 16 Jahre alt, mit 7 Kugeln im Bauch; ein Schaf war vor dem Haus erwürgt worden, wie es Sitte ist, wenn jemand stirbt.
Die jüngeren Kinder wurden unter den Nachbarn verteilt.
Vier junge Leute wurden festgenommen, auch diesmal Familienangehörige, oder vielleicht sollte man es „Stamm" nennen, denn es handelt sich tatsächlich um einen Stamm. Am nächsten Tag sollte die Mutter (und L...) wegen der Ermordung ihrer Tochter als Zeugen vor Gericht aussagen, und so etwas tut man nicht, sie sollte sich lieber damit abfinden, daß ihre Tochter getötet wurde, schweigen, niemanden anzeigen.
Majida, die sofort kam, um Hilfe zu suchen, kehrte zurück nach D... (auf eigenes Risiko, denn auch sie ist gefährdet), um die Brüder und Schwestern zu versorgen. Die Mutter ist nicht lebensgefährlich verletzt, die Kugeln konnten alle herausgeholt werden, aber sie hat viel Blut verloren. Ich habe Majida zweitausend Pfund gegeben, um 500 g Blut für die erste Transfusion zu kaufen, aber sie wird mehr brauchen.
L... hat anscheinend schwere Verletzungen. Ein paar Tage nach der Abreise von Majida bin ich nach D... gefahren, um Tochter und Mutter im Krankenhaus zu besuchen; ich hatte nur den Namen der Mutter. Ich habe alle staatlichen Krankenhäuser von D... abgeklappert (schmutzig, deprimierend, zwei Patienten in einem Bett). Ein Alptraum. Es blieb mir nichts übrig, als sie in ihrem Haus zu suchen, was ich vermeiden wollte, um nicht gesehen zu werden. Auch das Haus war nicht zu finden, niemand kannte den Namen, was die Leute nicht abhielt,

mir tausend neugierige Fragen zu stellen. Kurz, der Alptraum dauerte an, als plötzlich eine vom Kopf bis zu den Füßen in Schwarz verschleierte Frau, wie alle Frauen in D..., neben meinem Auto gestikulierte und mir ihren Sohn, einen etwa 5 Jahre alten Jungen, zeigte. Es regnete in Strömen, ich konnte nichts sehen, konnte das Gesicht der Frau nicht genau sehen und hatte Schwierigkeiten, sie wiederzuerkennen. Ich hielt trotzdem an, und sie hob den Schleier, mich lauthals begrüßend: es war die Frau, deren krankes Baby ich vor vier Jahren sechs Monate lang zu Hause gepflegt hatte (das ist die Vorsehung). Halt! Ich habe sie ins Auto steigen lassen, und meine Suche wurde enorm erleichtert, weil sie die Leute, den Ort und die Umgebung kannte. So fanden wir uns an einem sehr geheimen Platz wieder, nicht weit vom Meer, einem furchterregenden Platz. Trotzdem kamen Kinder an, wir fragten sie und eines von ihnen, etwa 7 Jahre alt, war Majidas Bruder.

Es war unmöglich, mit dem Auto durch die Dünen bis ans Haus zu fahren, auch das Auto konnte man dort nicht unbeaufsichtigt lassen. Ich schickte den kleinen Bruder, Majida zu holen, aber an ihrer Stelle kam die Mutter, sehr langsam, mühevoll. Sie war gerade am Vormittag aus dem Krankenhaus entlassen worden, sie war noch sehr schwach. Es war schwierig, die Mutter vor der Frau, die mich begleitete, zum Sprechen zu bewegen; ich habe sie nur gebeten, Majida am nächsten Tag zu mir zu schicken.

Ich hatte sie im Krankenhaus nicht gefunden, weil beide unter falschen Namen angemeldet waren (denn auch in Krankenhäuser kommen sie zum Töten).

Am nächsten Tag kommt Majida in Begleitung eines Mädchens von dem Stamm. Und wieder kann man nicht sprechen; wir müssen einen günstigen Augenblick nutzen. Ob sie ihrer Mutter, die Schwester und die jüngeren Kinder zu uns bringen kann? Nein, der Stamm hat ihnen verboten, D... zu verlassen.

Das Netz wird schrecklich eng.

Gleichzeitig werden die vier festgenommenen jungen Leute *behutsam* verhört und (vielleicht, man sagt es) gefoltert. Diesmal haben sie Feuerwaffen gebraucht und aus gewöhnlichen, zivilrechtlichen Verbrechern wurden mutmaßliche Terroristen, denn, wo haben sie diese Waffen her? Das Verhör um diese Frage ist viel dichter und schmerzhafter als um alle anderen. Die wirklichen Opfer sind weit weg gerückt, das Problem liegt auf einer anderen Ebene. Die nahen Verwandten dieser jungen Leute werden immer unruhiger und ihr Haß gegen Majidas Familie wächst: für jeden der Jungen, der im Laufe des Verhörs verletzt wird oder lebenslängliche Freiheitsstrafe bekommt, soll einer der kleinen Brüder von Majida verschwinden. Das alles wird ganz offen angekündigt, denn offen oder geheim, Tatsache ist, daß jeder mit dem Stamm einverstanden ist und seine Rechte anerkennt. Majida vermutet, daß ihre Mutter, trotz ihres Widerstands, als einzigen Ausweg versuchen wird, eine wichtige Persönlichkeit von D... zu bitten, eine „Soulha" zwischen ihr und dem Rest des Stammes zustandezubringen. Man tut es manchmal, aber es ist zweifelhaft, ob der Stamm es akzeptiert, denn 6 Jungen sind bereits im Gefängnis.

Wenn die „Soulha" nicht angenommen oder respektiert wird, dann werden Majida, L..., die Mutter und die beiden Jungen unter einer permanenten Mord-

drohung leben, denn es gibt im Stamm noch genug Männer, die die Rache ausführen würden.
Die kleinen Schwestern sind weniger bedroht, es sei denn, sie geraten unglücklicherweise unter das Gewehrfeuer.
Gestern kehrte Majida mit Geld nach D... zurück (mit ihrer Anstandsdame), um ein weiteres Kilo Blut für die Mutter zu kaufen, die sehr schwach ist. L... ist aus dem Krankenhaus entlassen, aber muß jeden Tag hingehen, um die Verbände wechseln zu lassen. Jede Nacht schläft die Familie in einem anderen Haus. Das ist Terror.

Vielleicht kommt Euch die Geschichte zu lang vor, aber es lohnt sich in diesem Fall, alle Einzelheiten festzuhalten, weil diese aneinandergereiht, trotzdem kaum einen Einblick in die tiefe Misere dieser Leute gewähren, die alles hinnehmen, das Leben wie den Tod.
Man spricht von Fatalismus, und bis zu einem gewissen Grad ist es tatsächlich so (mit diesem Wort verschleiern die Kleinen und Schwachen verschämt den Stolz der Starken), aber Fatalismus verhindert nicht die Angst, das Leiden, den Tod des Geistes.
Und im Grunde, warum fiel das Unglück auf diese Familie?
Weil die Mutter nicht bereit war, den Mord an ihrer Tochter hinzunehmen, wie sie es hätte tun sollen. Also doch nicht so fatalistisch.
Morgen werde ich nach D... fahren, wo ich mich mit Majida um 12 Uhr an einem bestimmten Platz verabredet habe (falls sie es schafft, alleine wegzukommen). Ich habe sie gebeten, ihre Schwester L... mitzubringen. Ein befreundeter Arzt wird uns dort treffen, ihre Wunden untersuchen und feststellen, ob sie eine Bluttransfusion braucht. Man kann diesem staatlichen Krankenhaus nicht trauen.
Ich werde Tüten mit Kleidung mitnehmen, für den Fall, daß die beiden Mädchen von einer unerwünschten Person begleitet werden. Das ist ein guter Vorwand, sie brauchen immer Kleidung.
Wir werden auch erfahren, ob die Soulha stattfand oder nicht, und wie sie verlief.
Man könnte denken, daß wir die Gelegenheit nützen sollten, um die beiden Mädchen mitzunehmen und ... auf Wiedersehen! Aber nein, das wäre der Tod für den Rest der Familie.
Gibt es aber keine Soulha, dann glaube ich, daß wir eine schnelle Evakuierung von mehreren von ihnen ins Ausland planen müssen:
– Majida, 24 Jahre alt
– L..., 16 Jahre alt
– die beiden Jungen, 14 und 17 Jahre alt.
Die Mutter könnte dann ins Haus ihres Bruders mit den beiden kleinen Mädchen, 12 und 11 Jahre alt, flüchten. Er wird sie schützen und im Prinzip dürfte ihnen nichts passieren. Die Mutter, eine Beduinenfrau, würde sich im Ausland nicht einleben können (falls man ihr den Vorschlag machte).
Mir ist bewußt, daß ich Euch vor ein großes Problem stelle, wenn ich von „Eva-

kuierung von vier Leuten ins Ausland“ spreche. Wird es klappen?
Sehr bald gebe ich Euch Bescheid, denn die Ereignisse sollten sich im Prinzip überschlagen …

3. Februar 1980

… die Geschichte von Majidas Familie endete mit einer Soulha. Die Sache ist „eingefroren“, bis die beiden Brüder von Majida erwachsen sind und ihre ermordete Schwester rächen! …

Hafiza und Nadi

Für heute eine der schmerzhaftesten Geschichten, wenn man die absolute Ohnmacht vor dem unabwendbaren Unglück als einen Stachel im Herzen des Lebens empfindet, als ein sichereres Gift als den Schierling.
Es ist unwichtig zu wissen, ob Hafiza tatsächlich von dem Mann vergewaltigt wurde oder nicht, der, sagt man, sie eines frühen Morgens belästigt hat, wie andere, als sie zur Feldarbeit ging.
Erschrocken geht sie nach Hause und erzählt alles der Frau ihres Vaters, einer Stiefmutter, die Hafiza haßt. Sie sagt ihr, sie soll schweigen, aber nun ist Hafiza schwanger. Sie ist 16 Jahre alt.
Nun muß ein Spiel gespielt werden, irgendein Spiel, das Vorteilhafteste. So wird der Sohn des Moukhtar, 14 Jahre alt, von Hafiza vor dem Scheich als der Vater des Kindes beschuldigt.
Der Moukhtar hat die Wahl zwischen zwei Antworten: entweder leugnet er die Aussage des Mädchens und erklärt den Krieg zwischen beiden Familien, mit einigen Toten auf beiden Seiten oder er läßt sie und den Sohn heiraten und zwingt sie dann, wenn sie unter seinem Dach ist, die Wahrheit zuzugeben. Er ist ein Fuchs, der die Affaire lieber ohne Blutvergießen regeln möchte. Er entscheidet sich für die zweite Lösung und man bereitet nach dem Brauch eine große Hochzeit vor, die beide Familien ein Vermögen kostet. Man muß zeigen, daß man Geld hat. Sobald Hafiza nicht mehr unter der Aufsicht ihrer Stiefmutter ist, gibt sie vor dem Moukhtar die Wahrheit zu, und er läßt sie alles vor der Polizei wiederholen. Die Sache ist nun offiziell, und der Sohn des Moukhtars kann seine Frau ablehnen, ohne daß sich beide Familien gegenseitig umbringen. Gleichzeitig wird dabei Hafiza zum Tode verurteilt; ihre eigene Familie soll sie töten.
Der Moukhtar behält sie bei sich bis zur Geburt des Kindes, das heimlich bei einer Hebamme auf die Welt kommt. „Ein wunderschöner 4 Kilo schwerer Junge“ sagt mir am selben Tag die Sozialarbeiterin, die ihn in einem Heim unterbringen soll.
Die Polizei kommt ins Dorf, um die Eltern und andere Persönlichkeiten ein Dokument unterschreiben zu lassen, wonach der Regierung eine hohe Summe

Geld gezahlt werden muß, falls Hafiza ein „Unglück" passiert. Was für eine Komödie. Es geht schnell, eine Spendensammlung unter den reichen Verwandten zu machen ... oder die Schuldige die Treppe hinunterzustoßen, um einen Unfall zu simulieren ... Aber der Moukhtar „gibt" das Mädchen dem Vater zurück, der voller Scham ist und sie nicht sehen möchte; er läßt sie bei seinem Vetter M..., 30 Jahre alt, Vater von 10 Kindern, einsperren. Er ist ab jetzt für Leben oder Tod des Mädchens verantwortlich, für die Ehre oder Ehrlosigkeit der Familie, des ganzen Stammes. Heute haben die Männer die „Koufieh" (die Kopfbedeckung der palästinensischen Männer) abgelegt: solange ihre Ehre nicht im Blut gereinigt ist, sind sie keine Männer.
Es ist weder ein Weiler noch ein Dorf, nur eine Reihe von Häusern, gebaut nebeneinander, entlang eines trockenen Tals in den Bergen. Kein Baum. Die Einwohner, die zu den primitivsten an diesem Ufer zählen, sind mit dem palästinensischen Boden und seinen Sitten stark verbunden.
Der erste Bote, den wir ins Dorf schicken, ist eine moslemische Frau, Palästinenserin bis in die Zehenspitzen, von der seltenen Art derer, die in ausschließlich für Männer bestimmte Cafés hineingehen und mit der Faust auf den Tisch hauen, um sich Gehör zu verschaffen. Sie interessiert sich persönlich nicht besonders für Hafizas Schicksal, aber wir kennen uns seit langem. Dienstleistung gegen Dienstleistung. Ihre Mission besteht darin, Informationen über das Schicksal des Mädchens zu bekommen und zu versuchen, die Leute geistig in Richtung einer anderen Lösung als den Mord zu orientieren. Die Diskussionen dauern schon mehr als drei Monate an, unterbrochen von falschen und echten Hoffnungen, von vereinbarten Treffen, die nie stattfinden, von unendlicher Warterei. Man muß wissen, daß Sätze, die voller Bestimmtheit gesagt werden, oft keine Bedeutung haben, dagegen Geflüstertes oder nebenbei Gesagtes das Gleichgewicht stören. Es gibt selbstverständliche Sachen, über die man niemals sprechen darf, es ist sogar ratsam, genau das Gegenteil davon zu behaupten, was die Wahrheit ist; überhaupt das Gespräch findet nicht auf der Ebene der Wörter statt, sondern mit den Blicken und den Händen.
Plötzlich, als nichts darauf hindeutete, wurde Hafiza schwarz bekleidet und verschleiert von einem Mann aus dem Stamm zu ihrer Mutter gebracht, die als Dienstfrau in einem Haus für behinderte Kinder in L... arbeitet.
Ich habe einen Augenblick lang geglaubt, daß das Symbol in dieser Geste darauf hinwies, daß sich das Dorf aus der Affaire heraushalten wollte, weil die wichtigen Persönlichkeiten des Dorfes anfingen, sich mit der Idee einer Abreise des Mädchens anzufreunden; da das Dorf diese Entscheidung öffentlich nicht mittragen wollte, hätten sie entschieden, Hafiza wegzuschicken.
Heute weiß ich, daß es nicht stimmt. Sie hatten beschlossen, sie *außerhalb* des Dorfes zu töten.
Hafizas Vater und M..., diejenigen, die die Scham tragen, sie und ihre Frauen und Kinder sind für den Tod. Aber Entscheidungsmacht hat nur der Moukhtar, weil er Chef des Dorfes und Mitglied des Stammes ist. Wie wir schon gesehen haben, zeigt er kein großes Interesse am Blutvergießen. Er wird eine Lösung suchen, um den Mord zu verhindern, eine Lösung, die alle zufriedenstellen kann,

ihn selbst auch. Deswegen verlangt er die Rückerstattung der Kosten, die er und der Vater wegen der Hochzeit hatten, der Entbindung und anderer „Freuden".
Bevor ich weitererzähle, muß ich noch sagen, daß das Mädchen, das ich mehrmals nach seiner Ankunft in L... gesehen habe, nicht abgeneigt war, ins Ausland zu gehen, aber es überließ selbstverständlich der Mutter die Entscheidung. Diese ist eines der falschesten Wesen, das ich kenne: da sie von dem Stamm terrorisiert wird, drängt sie auf die Ermordung von Hafiza, um ihre Ehre zu rächen; vor mir weint sie unechte Tränen, dann rennt sie sofort zur Direktion des arabischen Sozialamts und erzählt ihnen, daß ich ihrer Tochter vorgeschlagen habe, ihr beim Fliehen zu helfen. Sie weiß sehr wohl, daß das Sozialamt vollkommen gegen diese Politik der Abreise ist. Sie haben sich übrigens sogar die Mühe gemacht, dem Mädchen zu versichern, daß es in absoluter Sicherheit bei der Mutter in L... ist und keinem anderen Menschen vertrauen soll. Aber man weiß, daß die Entscheidung nicht dort, sondern im Dorf getroffen wird. M..., der Vetter, ist von der neuen Idee des Moukhtar, Hafiza ins Ausland zu schikken, überrascht. Er ist beauftragt, die Ehre der Familie zu rächen – soll ihm nun diese Rolle abgenommen werden? Er kann das Angebot des Moukhtar nicht energisch ablehnen, will aber ein Auge auf Hafiza behalten, ihre Adresse kennen, sicher sein, daß sie mit keinem Mann spricht und ihm einen Teil ihres Lohns schickt. Das gab es hier noch nie, daß das Mädchen, das man zum Arbeiten zur Verfügung stellt, seinen Lohn der Familie nicht gibt. Aus den Reaktionen von M... geht hervor, daß er scheinbar kein Stück des Kuchens bekommt; der Moukhtar, der keine Lust hat, zu teilen, ist nicht in der Lage, ihm die „Bedingungen" des Handels zu offenbaren.
Ich übe Druck auf den Moukhtar aus, meinen einzigen Gesprächspartner, damit er M... überredet, ruhig zu bleiben. Nichts zu machen, und aus diesem Grund ist es in erster Linie wichtig, daß der andere versteht, warum.
Die Affaire ist besonders kompliziert und heikel; ich habe deswegen bewußt vorgezogen, nur mit demjenigen zu verhandeln, der die Entscheidungsmacht besitzt. Es ist sein Problem, intern die Angelegenheit zu lösen. Aber ... schließlich mußte man das Gewehr auf die andere Schulter legen, damit die anderen es auch tun. Der Witz ist von einem fast makaberen Realismus in diesem Zusammenhang. Der Moukhtar hat also entschieden, den Vetter M... zu uns zu schicken, damit wir mit ihm eine Unterredung haben. Am abgemachten Tag kam niemand, natürlich. Ich werde niemals diese drei Tage vergessen, die wir, eine junge arabische Frau und ich, zusammengekrochen unter dem Khamsin (dem Wind der Wüste), den Kopf bedeckt, ein langes Kleid, mit langen Ärmeln, den Kragen hochgezogen auf den geehrten M... gewartet haben. Dann kamen sie zu dritt an, drei Männer natürlich, wütend. Frische Getränke, improvisiertes Essen, Kaffee und nochmals Kaffee, Schweigen und nochmals Schweigen ... endlich sagt M..., daß er gekommen sei, um über das zu sprechen, wovon niemand ein Wort flüstern darf, aber da er gut empfangen worden sei, erlaubt er sich im Vertrauen zum Thema zu kommen. „Was wollen wir mit Hafiza machen?"

Die drei gehen beruhigt wieder weg, scheint mir, und beschließen, das Mädchen zu besuchen, um ihr mitzuteilen, daß sie mit ihrer Abreise einverstanden sind. Wir haben sie nicht mehr gesehen.
Ein anderer Besuch – der von Moukhtar mit dem Vater. Er ist ein alter, kranker Mann, der 14 Leute ernähren muß. Er weint vor Scham, echte Tränen, glaube ich, und beschwört, nichts mehr von seiner Tochter wissen zu wollen, nie mehr. Die Mutter des Mädchens sei in das Dorf gekommen und brachte das erste Mal einen Mann, dessen beide Beine amputiert waren, und das zweite Mal einen Blinden, und schlug sie als Ehemänner für die Tochter vor. Das seien die einzigen Leute, die sie heiraten würden, nach allem, was geschehen sei. Biblische Antwort des Vaters „von Scham bedeckt habe ich mich in mein Zimmer zurückgezogen, kratzte mir das Gesicht und zerriß meine Kleider ..."
Er will nur eins: daß sie tot ist oder für immer verschwunden.
Nach dieser letzten Unterredung besucht der Moukhtar das Mädchen. Ich habe später erfahren, daß er nicht mit ihr sprach, weil sie sich bei seiner Ankunft im Keller des Hauses, wo sie lebt und arbeitet, versteckt hatte. Trotzdem kam er wieder zu uns und sagte, daß sie mit der Abreise einverstanden sei, und daß er mit dem Vater und der Mutter zwei Tage später kommen würde, um die Reisedokumente zu unterschreiben.
Eine unangenehme Vorahnung verfolgte mich den ganzen Morgen, am nächsten Tag, und ich beschloß, Hafiza zu besuchen; es war Leichtsinn, weil das Sozialamt die Direktion der Anstalt vor mir gewarnt hatte, aber es war nötig, aus Hafizas Mund zu erfahren, was sie darüber dachte.
Ich habe nach ihr gefragt und gab meinen Namen an, damit sie sich nicht erschreckte. Sie kam in Begleitung der Direktorin des Hauses und mehreren männlichen Angestellten, und sagte mir, daß die Direktion des Sozialamts verboten hatte, daß ich mit dem Mädchen spreche. Es blieb mir nichts übrig, als mit ihr öffentlich zu reden. Ich habe sie an die Gefahren erinnert. Antwort: „Ich ziehe vor, zerstückelt zu werden, statt wegzugehen." Es gab nichts mehr zu sagen. Außerdem gab der Moukhtar kein Lebenszeichen von sich. Ich bin sicher, daß er Gewalt anwenden würde, um das Mädchen wegzubringen, wenn wir es wollten, aber das ist nicht die Frage. Das Dorf steht jetzt vor einem erstaunlichen Dilemma: nachdem man sie monatelang überzeugt hat, weigert sich das Mädchen am Schluß wegzugehen.
Was ist passiert? Vielleicht glaubt das Mädchen nicht, daß es wirklich sterben wird. Sie wurde gefangengehalten, aber es gab noch keinen Mordversuch, soweit sie weiß. Man hat ihre Vergiftung diskutiert, aber sie weiß es nicht.
Sie ist gerade 17 Jahre alt und kommt aus einem der primitivsten Dörfer; das Ausland ist für sie sicher eine unbekannte, furchterregende Welt, sie hat nicht den Mut, sich hineinzuwagen. Siham konnte ihre Lage anders sehen, sie war schwer verbrannt und hatte ständig den Tod vor sich.
Es wäre nötig, daß ich mit ihr rede, öfter und über eine lange Zeit mich mit ihr beschäftige, aber ich kann es nicht tun, weil ihre Umgebung versucht, sie vor mir zu schützen. Die Umgebung selbst ist auch von den anderen getäuscht worden. Das fatale Ende ist praktisch unvermeidbar, aber die Leute im Dorf wollen

noch abwarten, weil sie sich zu sehr exponiert haben in letzter Zeit. Ich würde sie trotzdem gern noch einmal wiedersehen und versuchen, sie davon zu überzeugen, daß sie sie dort lassen sollen, wo sie ist, praktisch gefangen – sie führt nicht ihre Scham spazieren. Die Zeit vergeht, wer weiß ... aber ein positiver Ausgang ist äußerst unwahrscheinlich, denn, falls sie sich entschließen sollte, doch wegzugehen, ist es nicht sicher, daß *sie* (die anderen) immer noch damit einverstanden sein werden.

Prinzessinnen und kleine Prinzen

Nadi

Nadi, der kleine Junge von Hafiza, hat ein einsames und trauriges Schicksal vom Anfang bis zum Ende durchlitten. In der Kinderkrippe, in der er sich befand, wurde er völlig vernachlässigt. Er hatte eine unbehandelte Bronchitis, eine Herzthrombose und eine von Brand befallene Hand. Im Krankenhaus hatte man ihn ebenfalls schlecht behandelt, denn er war ein Waisenkind und besaß keine Verwandten, die die Ärzte zur Rechenschaft hätten ziehen können. Obgleich es niemanden gab, der für die Behandlung des Babys aufkommen konnte, untersagten uns die Sozialbehörden, ihn zu versorgen (sie hatten bereits gehört, daß wir uns um seine Mutter gekümmert hatten).
Da wir völlig mittellos waren, wechselten eine Freundin und ich uns täglich am Krankenbett des Babys ab, um es zu füttern – anfänglich nahm es sein Fläschchen sehr gerne –, seine Anziehsachen zu wechseln und es in den Schlaf zu wiegen. Das ist generell die Aufgabe der Mütter, weil die Anzahl der Krankenschwestern in den Krankenhäusern nur sehr unzureichend ist.
Im Verlauf von mehr als drei Wochen diskutierten und überlegten die Ärzte, ob sie eventuell eine Operation vornehmen und die Hand amputieren sollten. Als sie zu keiner Einigung gelangen konnten, schickten sie Nadi einfach zurück. Die kleinen Finger begannen schon abzufallen. Einige Tage später verschlechterte sich sein Zustand zusehends. Der kleine, nicht wiederzuerkennende Körper wurde in einem anderen Krankenhaus an Maschinen angeschlossen.
Am 10. April um 6 Uhr morgens, kam ich, um ihn sterben zu sehen.
Um 8 Uhr telefonierte ich mit der Direktion des Sozialamtes, um den Leuten mitzuteilen, daß, und unter welchen Umständen der Kleine gestorben sei. Ich fragte auch, ob sie wohl so liebenswürdig wären, ihn in einem Holzsarg beerdigen zu lassen, für den wir die Kosten übernehmen wollten.
Einige Tage später reiste ich nach Europa ab.
Kleiner Nadi, ich schreibe über dich, weil es sein muß. Aber ich werde niemals den Mut haben, mit jemandem über dich zu sprechen.

Die beiden Kleinen

Eine junge Moslemin vom Land wurde schwanger, und deshalb bedrohte ihre eigene Familie sie mit dem Tode zur Rächung der befleckten Familienehre. Der Vater des Kindes war bereits verheiratet und schon Vater von 6 weiteren Kindern. Er nahm sie als Zweitfrau und lebte mit ihr in einem Nachbardorf. Das neugeborene Baby sollte „Gefängnis“ genannt werden, entsprechend der unfreien Lebensbedingungen seiner Mutter, die ständig und trotz ihrer Heirat, von ihrer Familie bedroht wurde.
Die junge Familie lebte in dauernder Angst, und als der Kleine 5 Jahre alt war, fand man die Mutter erwürgt im einzigen Zimmer des Hauses auf, umgeben von ihren beiden kleinen Kindern.
Der Vater wurde ebenfalls von der Familie seiner zweiten Frau verfolgt und entschloß sich daher, seine beiden Kinder zu seiner ersten Frau zu bringen, die die-

se allerdings von Anfang an haßte. Das kleine Mädchen mußte ständig draußen unter dem Treppenabsatz leben, und der Junge lief weinend durch die Straßen und bettelte sich bei den Dorfbewohnern durch, die dann endlich Sozialarbeiter über die Situation der Kinder informierten.

Der Vater war damit einverstanden, daß sein Sohn in ein Waisenhaus käme, seine Tochter wollte er aber bei sich behalten. Nach etlichen schwierigen Verhandlungen konnte ich durchsetzen, daß die Kleine ebenfalls von der Pflegemutter fortkam und in einem Haus untergebracht wurde, in dem sie Pflege und Zuwendung erhielt. Unglücklicherweise wollten die arabischen Sozialarbeiter aber davon nichts wissen; die Kleine mußte sich einer Gruppe von Mädchen anschließen, die entweder unehelich geboren oder Opfer sogenannter „komplizierter" Familienverhältnisse waren. Komplizierter, aber dennoch recht einfacher Verhältnisse: die Mütter waren getötet worden oder befanden sich in akuter Lebensgefahr, und die Kinder hatten ihr ganzes Leben lang das Zeichen der Schande zu tragen, die ihre Mütter über die Familien gebracht hatten.

Eine Gruppe kleiner Mädchen also, auf die man ein Leben lang mit Fingern zeigen würde, weil sie in diesem Haus, dessen Ruf allgemein bekannt war, aufgezogen wurden.

Das kleine Mädchen, um das ich mich weiterhin so gut ich kann kümmere, rezitierte allein, während einer Feier zum Abschluß des Schuljahres, für die „Sozialfall-Kinder" ein Gedicht mit sinngemäß folgendem Wortlaut: „Wie ich es liebe, am Morgen meine Mutter zu umarmen ...„

Zwei kleine Mädchen ...

27. Oktober 1980

Bei uns befindet sich noch ein anderes kleines Mädchen im Alter von zweieinhalb Jahren, dessen Mutter vor sechs Monaten getötet wurde. Die Kleine ist schwer erkrankt und muß eine strenge Diät einhalten. Der Vater des Mädchens ist 25 Jahre alt. Sie hat noch eine dreieinhalb Jahre alte Schwester, die demnächst in einem Waisenhaus untergebracht werden soll. Ich habe mich lange mit dem Vater unterhalten. Nicht er hat seine Frau getötet, sondern ihr eigener Bruder. Er hat eingesehen, daß die Zukunft der beiden kleinen Mädchen hier sehr ungünstig ist, weil die Leute immer mit Fingern auf sie zeigen werden.

Ich habe ihm daher den Vorschlag gemacht, seine Töchter zur Adoption freizugeben, aber es gibt einige Hindernisse, denn er ist Moslem und hängt sehr an seinen Töchtern. Dennoch hatte er nichts gegen den Vorschlag einzuwenden, sie ins Ausland zu schicken, unter der Bedingung, daß sie „seine" Töchter bleiben, also ohne eine offizielle Adoption.

Ich weiß, daß so etwas wegen der damit verbundenen juristischen Probleme nicht mehr gemacht wird.

Lassen wir die Angelegenheit besser ein wenig ruhen, und wenn der Vater das nächste Mal die Kleine besuchen kommt, werde ich das Gespräch mit ihm wieder aufnehmen.

Falls Du zufälligerweise eine Idee hast, hinsichtlich des Themas „Aufenthalt im Ausland ohne Adoption“, dann sei so lieb und laß es mich wissen. Danke!

Souna

27. Oktober 1980

Ich habe Dir über die eventuelle Adoption eines zehnjährigen Mädchens geschrieben. Das wird schwierig werden wegen ihres Alters.
Das Kind ist eine moslemische Araberin und ihre Mutter, eine Prostituierte, starb im Alter von 30 Jahren. Sie wurde wahrscheinlich von ihrer Familie oder der ihres Mannes umgebracht. Der Ehemann selbst trinkt und stiehlt und hat 3/4 seines bisherigen Lebens im Gefängnis verbracht. Als die Mutter starb, wurden ihre 5 Kinder ins Waisenhaus gebracht, und später wurden die zwei kleinsten adoptiert.
Sounas besondere Geschichte ist die, daß sie im Alter von drei Jahren von einem Kunden ihrer Mutter vergewaltigt wurde. Kürzlich hat auch ihr Onkel versucht, sie zu vergewaltigen, als sie in den kurzen Ferien zu ihrer Familie zurückkehrte. Aber die Kleine brüllte und wehrte sich und konnte entkommen.
Bei ihrer ersten Vergewaltigung erlitt die Kleine einen schweren Schock und mußte für einen ziemlich langen Zeitraum in einem Krankenhaus untergebracht werden. Danach wurde sie – um alles noch schlimmer zu machen – sofort in ein Waisenhaus gesteckt. Einige Jahre verbrachte sie dort, doch dann schickten die Nonnen sie in ein anderes Kinderheim, weil ihr Betragen zu wünschen übrigließ. Dort lebt sie auch heute noch. Ich habe sie dort aufgesucht, und die Nonnen sagen, daß sie gute Fortschritte macht. Natürlich kann man sie in den Ferien nicht mehr zu ihrer Familie schicken.
Die Zukunft von Souna läßt sich in zwei Worten zusammenfassen: Prostitution oder Tod.
Ich weiß nicht, was man machen könnte. Sie bräuchte eine Familie, die versteht, daß die Vergangenheit sie gezeichnet hat, und daß für ihre Weiterentwicklung die wenigen Verhaltensauffälligkeiten nicht gefürchtet, sondern überwunden werden müßten. Das ist bestimmt nicht einfach. Man muß darauf gut vorbereitet sein.
Ich habe versucht herauszufinden, ob ihre beiden acht und neun Jahre alten Brüder auch zur Adoption freigegeben werden könnten, aber zur Zeit ist der Vater damit nicht einverstanden. Er hat um „Zeit zum Nachdenken“ gebeten. Ich glaube aber, daß er sich vor allem erhofft, seine beiden Söhne könnten später für seinen Lebensunterhalt aufkommen.

Prinzessinnen, die überlebten

Siham

Siham befand sich seit dem 1. November 1977 in dem Krankenhaus von R..., einem Hospital in der Grenzzone.

Mit schweren Verbrennungen am Hals, den Ohren, beiden Oberarmen bis zu den Ellenbogen, den Schultern und der oberen Rückenpartie sowie der gesamten Brust und dem Bauchbereich wurde sie eingeliefert. Es waren Verbrennungen dritten Grades.

Ihre linke Hand konnte sie ohne Schwierigkeiten bewegen, die rechte Hand war aber noch völlig steif, jedoch schien es so, als könnte sie gerettet werden. Ihr schönes, klares Gesicht war weniger stark verbrannt. Sie hatte große braune Augen, und ihr schüchternes Lächeln entblößte herrliche Zähne.

Sie war furchtbar mager, nur ihre Beine waren sehr angeschwollen. Vor vier Tagen rief das Krankenhaus bei der Fürsorgestation von R... an, um Milch für ein Baby von ihnen zu bekommen. Eine Sozialhelferin kam, um sich genauer zu erkundigen – ohne Milch. Sie fand ein winziges männliches Baby vor, das soeben aus dem Brutkasten gekommen war. Siham, seine Mutter, hatte versucht sich umzubringen, indem sie sich mit Benzin übergossen hatte.

Die Sozialhelferin wußte sofort, daß es sich um ein uneheliches Kind handelte und nahm es ins nächstgelegene Waisenhaus mit. Der kleine Junge heißt Karim.

Ihre offizielle Mission hatte die Sozialhelferin damit nun beendet. Zweifellos stand sie noch stark unter dem Eindruck, zum ersten Mal in ihrem Leben eine Schwerverletzte gesehen zu haben, als sie bei ihrem Rückweg bei einer ihrer Freundinnen Halt machte und ihr die ganze Geschichte in allen Einzelheiten erzählte.

Diese Freundin rief mich sofort an, und so erfuhr ich von der Sache. Ich eilte nach R...

Siham lag ganz gerade in ihrem Bett, als sei sie steif geworden unter ihrer Bettdecke. Nur das Gesicht war zu sehen, geschwärzt von den Verbrennungen, jedoch unverletzt, mit Ausnahme der Ohren, die völlig verkohlt und deformiert waren. Aus ihnen lief gelblicher Eiter heraus. Sie döste mit halb geschlossenen Lidern vor sich hin.

Ich wartete ruhig ab. Ein pestartiger Geruch stieg von Sihams Bett auf. Nach kurzer Zeit wachte sie auf, betrachtete mich und lächelte. Sie schien nicht im Geringsten erstaunt zu sein. Sie sprach mit sehr leiser Stimme und warf dabei ständig furchtsame Blicke um sich. Sie hatte Artikulationsschwierigkeiten, und ihren Dialekt konnte ich nur sehr schwer verstehen. Sie sagte immer wieder: „Nimm mich mit, sie werden kommen und mich töten."

Die Blicke der übrigen Patienten und Besucher waren auf uns gerichtet: „Woher kennst du sie? Weißt du, was sie gemacht hat?" Es war ganz offensichtlich, sie wußten es. Ich antwortete nur sehr vage.

Am nächsten Morgen wollte ich noch vor den Besuchszeiten den verantwortlichen Arzt sehen. Er erzählte mir folgendes: „Siham ist schwer verbrannt von Leuten ihres Dorfes hierhergebracht worden. Sie hat versucht, Selbstmord zu begehen. Da die Infektion noch sehr stark ist, kann mit den Transplantationen noch nicht begonnen werden. Die Eltern haben sie verstoßen, sie wird den Justizbehörden übergeben. Ach ja, die Traditionen sind furchtbar."

Auf Fragen des Arztes hatte Siham geantwortet, daß ihre Periode im vorigen Monat ausgeblieben sei. Die Blutuntersuchung fiel negativ aus. Scheinbar kann dies im 9. Schwangerschaftsmonat aufgrund des sinkenden Hormonspiegels vorkommen. Erst anläßlich einer weiteren Untersuchung wurde der Kopf des Babys ertastet. Einen Monat später fand ein Dienstmädchen das Baby, das beinahe unbemerkt im Bett seiner Mutter zur Welt gekommen war.

Sihams Eltern besuchten ihre Tochter während der ersten 15 Tage nach ihrer Krankenhauseinweisung regelmäßig. Zweifellos wollten sie sich von ihrem baldigen Tod überzeugen.

Danach kamen sie nie mehr wieder und ließen den Arzt wissen, daß sie nichts mehr mit ihrer Tochter zu tun haben wollten. Eine Woche später besuchte ihr jüngerer Bruder – er ist 17 Jahre alt, war mit 15 verheiratet und ist der einzige Sohn der Familie – sie in der Nacht und brachte ihr eine Flasche Fruchtsaft mit, den sie aber aus Angst nicht trank. Anläßlich ihres letzten Besuches hatte Sihams Mutter ihr versprochen, sie zu vergiften, da sie ja „dieses Mal" immer noch nicht gestorben sei.

Siham machte einen sehr schlecht gepflegten Eindruck und starrte vor Dreck. Man wechselte zwar ihre Verbände, aber niemand half ihr, sich zu waschen. Dennoch brachte sie es unter großen Anstrengungen und ohne sich jemals zu beklagen fertig, sich auf den Beinen zu halten und alleine zur Toilette zu gehen. Ihre fortgesetzte Bitte lautete: „Nimm mich mit, sonst kommen sie und töten mich."

Sie sprach niemals von dem Kind. Ich auch nicht. Man mußte abwarten und sie zuallererst an einen anderen, sicheren Ort bringen, der aber auch nur ein Krankenhaus sein konnte.

Leichter gesagt als getan. Von allen Seiten war man eifrig bemüht, uns Hindernisse in den Weg zu legen: „Ja, es besteht schon eine gewisse Gefahr für sie, aber in den ganzen drei Monaten ist doch noch nichts geschehen, seit sie hier ist, also ..."

Eines Nachts habe ich Siham weggefahren. Es war nicht nötig, daß ein Krankenwagenfahrer erfuhr, wohin sie sich begab. Im Krankenhaus von B... wurde sie nur mit ziemlichem Widerwillen aufgenommen, wahrscheinlich wegen ihres Geruchs und ihrer Unsauberkeit.

Im Auto konnte ich spüren, daß sie sich trotz der bevorstehenden Anstrengungen, trotz der Müdigkeit und des Mangels an Bequemlichkeit – sie konnte zwar lang ausgestreckt liegen, aber wegen der starken Verbrennungen am Hals konnte sie ihren Kopf nicht richtig auflegen, so daß sie ihn ständig vornüber geneigt halten mußte – erleichtert fühlte. Sie lächelte ein wenig, und sie merkte, daß sich endlich jemand um sie kümmerte.

Siham ist sehr intelligent, sie erfaßt alles auf den ersten Blick, beim ersten Wort. Ich glaube, sie besitzt auch eine sehr gute Intuition.

Siham hat nie eine Schule besucht. Sie mußte statt dessen um die kleine Viehherde ihres Vaters kümmern. Die Familie scheint sehr arm zu sein. Sie leben in einem kleinen Dorf, in dem der Stamm sehr mächtig ist.

Siham ging jeden Tag Feuerholz sammeln. Sie erzählte, daß ihr ein Mann aus dem Dorf gefolgt sei und sie dann vergewaltigt habe. Sie erzählte ihren Eltern davon nichts (eine vergewaltigte Frau wird auch mit dem Tod „bestraft") sprach aber mit dem Vater des Kindes, als sie feststellte, daß sie schwanger war. Der Mann ist 27 Jahre alt und verschwand sofort, als er davon hörte und kam nie wieder.

Als Sihams Mutter bemerkte, in welchem Zustand ihre Tochter war, schlug sie ihr vor, sie mit einer schnell wirkenden Pflanze zu vergiften. Ganz offensichtlich haßt Siham ihre Eltern nicht und ist sich der Tragik der Situation für alle Beteiligten voll bewußt. Dennoch lehnte sie es an dem besagten Tag ab, das Gift einzunehmen.

Die Version vom Selbstmord hatte die Familie dem Krankenhaus erzählt, aber ob sie der Realität entspricht, ist nicht sicher.

In der Begleitung des Arztes von R... habe ich mich zu Sihams Eltern begeben. Der Besuch war notwendig, weil das Krankenhaus und auch Siham selbst versicherten, daß sie erst 17 Jahre alt sei. Da sie noch minderjährig war, war es unmöglich, ihr die Papiere für die Ausreise ohne Einwilligung ihrer Eltern ausstellen zu lassen.

Als wir ankamen waren alle Dorfbewohner versammelt, weil gerade – wie durch eine sonderbare Fügung – eine Hochzeit gefeiert wurde. Zuerst warf man uns neugierige Blicke zu, aber je näher wir dem Haus von Sihams Eltern kamen, desto bedrohlicher wurden sie. Die Mutter erkannte den Arzt sofort wieder, ihr Gesichtsausdruck wurde augenblicklich unglaublich hart. Der Vater war sehr alt, viel passiver und bei weitem nicht so streng.

Wir fingen an zu verhandeln. Sie rechneten eher damit, daß wir ihnen den Tod Sihams verkündeten als ihre Abreise. Außerdem schienen sie uns kein Wort zu glauben. Der Arzt mußte schließlich seinen Ausweis vorzeigen. Sihams Vater weigerte sich unterdessen standhaft zu unterschreiben, weil er fürchtete, daß die Regierung ihn beschuldigen könnte, seine Tochter fortgeschafft zu haben. Man muß das verstehen: Es ist leichter zu sagen „Meine Tochter ist zu Tode gekommen, als sie die Treppe herunterfiel", als zu sagen „Sie ist wegen einer Krankenhausbehandlung ins Ausland gegangen". Insbesondere dann, wenn man Bauer in einem kleinen Dorf ist, für den das Ausland bereits am Gartenzaun beginnt. Niemand würde ihm Glauben schenken. Ich zeigte ihm das Ausreiseformular als offiziellen Hinweis auf die Abreise des Mädchens. Ich befürchtete, daß ein Außenstehender sich einmischen könnte. Es war Eile geboten. Da ich bis dahin mehr beobachtet als geredet hatte, klang meine Stimme ganz sonderbar, als ich sagte: „Wie es scheint, belaufen sich die Krankenhauskosten in R... bereits auf eine außerordentlich hohe Summe, die sie natürlich bezahlen müßten ..."

Die Augen der Mutter blitzten. Der Vater holte aus seiner Tasche die Geburtsurkunde Sihams. Sie waren bereit zu unterschreiben unter der Bedingung, daß Siham nie mehr zurückkehren würde.

Nachdem die Papiere unterzeichnet waren, begleiteten uns die Eltern zurück, lachend und – dessen bin ich sicher – erleichtert darüber, daß sich ihnen die Möglichkeit bot, ihre Tochter nicht töten zu müssen.
Während Siham auf ihre Abreise wartete, war es gut, daß sie sorgfältig versteckt blieb, denn die Dorfbewohner würden schnell erfahren, daß sie ins Ausland abreisen wollte, und sie könnten selbst versuchen, die Familienehre zu rächen.
In Europa angekommen beschloß Siham, ihren Vornamen zu ändern, so als würde sie neu geboren. Ihr Sohn Karim „wird Arzt" versicherte sie mir.
Einige Monate später, nachdem Siham gelernt hatte, uns nicht mehr zu mißtrauen, gestand sie uns die Wahrheit: „Es war keine Vergewaltigung, wir liebten uns. Es war auch kein Selbstmordversuch, es war mein Schwager, der mich anzündete und danach fortlief."

Safeya

10. Januar 1978

Safeya ist eine junge unverheiratete Frau von 21 Jahren. Safeya erwartet von einem der Familie unbekannten Mann ein Kind. Um sie auf andere Gedanken zu bringen, schlugen ihre Mutter und ihr Bruder ihr vor, zwei Tage in S... zu verbringen. Beim Besuch eines moslemischen Friedhofs versuchte ihr Bruder, sie zu erdrosseln. Sie verlor die Besinnung. In dem Glauben, sie sei tot, steckte der Bruder, unter Mithilfe der Mutter, den Körper in eine in der Nähe stehende leere Tonne, nachdem er dem Mädchen zuvor noch einen Messerstich ein kleines Stück unterhalb des Ohres in den Hals versetzt hatte. Zweifellos erinnert das an die Art ein Kaninchen zu schlachten.
Viel später erlangte Safeya, blutüberströmt, das Bewußtsein wieder. Es gelang ihr, sich aus dem Faß zu befreien und sich bis zur Straße in der Nähe des Friedhofs zu schleppen. Ob aus Furcht vor ihrem durch die Strangulation schwarz angelaufenen Gesicht oder wegen des vielen Blutes an ihr oder einfach um Unannehmlichkeiten zu vermeiden, fuhren mehrere Autos ohne anzuhalten an ihr vorbei. Sie taumelte bis zur Straßenmitte, und endlich nahm ein Auto sie mit und brachte sie ins Regierungskrankenhaus von S... Die Ärzte waren entsetzt über ihre Verletzungen, aber noch mehr über das, was sie erzählte. Sie weigerten sich sie vor Eintreffen der Polizei zu behandeln. Sie beschuldigte ganz offen ihre Mutter und ihren Bruder, die später beide festgenommen und gerichtlich belangt wurden.
Sie selbst wurde der Fürsorge übergeben, die nicht recht wußte, was mit ihr anzufangen war, und sie deshalb – in Erwartung des Prozesses – zu einer christlichen Araberin brachte, die ein Waisenhaus leitete. Dort war sie mehr oder weniger sicher, aber die Frau, die sie aufgenommen hatte, fühlte sich von da an überhaupt nicht mehr sicher. Auf ihre ausdrückliche Bitte hin lernte ich Safeya kennen, die, obgleich sie wie betäubt war und noch immer unter einem schweren Schock stand, Tag für Tag ein bißchen mehr Zuversicht gewann.

Einen Reisepaß für das Ausland zu bekommen, hätte zwei bis drei Monate gedauert, weil wir nicht die Originale von Safeyas Ausweispapieren in Händen hatten. Safeyas Sicherheit wurde in diesem Zeitraum zum Problem.
Nach dem Gerichtsprozeß wurde die Mutter, die bis dahin mit ihrem 3 Monate alten Baby im Gefängnis gesessen hatte, freigesprochen, der Bruder wurde zu drei Jahren Gefängnis verurteilt.
Safeya blieb noch einige Tage bei der Frau, der sie anvertraut worden war. Nach Abschluß des Prozesses teilte die Polizei ihr mit, daß sie nicht länger unter offiziellem Schutz stehe.
Kurze Zeit später flüchtete Safeya, entnervt davon, ihre Papiere von Leuten erwarten zu müssen, die sie nicht kannte, und die ihr, ihrer eigenen Sicherheit wegen, die Ausreise verweigerten. Sicherlich war sie sich der Bedrohung nicht bewußt, die weiterhin für sie bestand, denn ihre anderen Brüder würden aller Wahrscheinlichkeit nach versuchen, sie zu finden, um den Plan auszuführen, der dem ältesten Bruder mißglückt war.

1980

Safeya hat ein wunderschönes Baby zur Welt gebracht, das hier bei uns, einen Monat nach ihrer Ankunft in Europa, im Juni 1978 geboren wurde. Sie hat Hochzeitspläne mit ihrem Freund Pierre. Inzwischen arbeitet sie und zieht ihr Kind groß. Sie ist ganz lebendig!!!

Gamila

30. Juni 1978

Die 24jährige Gamila, geboren am 3. Mai 1954, lebte mit ihrer Mutter und ihren beiden unverheirateten 34 und 35 Jahre alten Brüdern in der „Alten Stadt". Ein dritter Bruder, 32 Jahre alt, verheiratet und Vater von drei Kindern, lebt in B..., eine Schwester lebt mit ihrem Ehemann, der ebenfalls ein Araber ist, in Europa.
Das Leben zuhause war nicht einfach. Die beiden Brüder waren allgemein bekannt für ihre Brutalität und ihren unsteten Lebenswandel. Sie untersagten Gamila außerhalb des Hauses zu arbeiten, dies bis vor einigen Monaten, als sie eine Anstellung als Kindergärtnerin fand.
In der Woche des 15. Juni wurde Gamila in größter Eile in das Regierungskrankenhaus der „Alten Stadt" gebracht. Die Diagnose lautete: „Vergiftung". Die Polizei, vom Krankenhaus benachrichtigt, begab sich zu Gamilas Wohnung und ließ dort die gesamte Familie, einschließlich der Schwester, die auf ein Telegramm hin, das einer der Brüder geschickt hatte, um ihr mitzuteilen, daß Gamila im Sterben liege, aus Europa angereist war, ein Papier unterschreiben, in welchem festgelegt wurde, daß die ganze Familie für das Leben (oder den Tod) des jungen Mädchens verantwortlich sei. Ein Polizist hielt drei Tage und Nächte Wache an Gamilas Krankenbett.

Zur gleichen Zeit ergab ein Schwangerschaftstest, daß Gamila im 3. Monat schwanger war. Die Ärzte benachrichtigten die Brüder, die, wie es schien, bereits Bescheid wußten. Indem sie sich irgendwie ärztliche Atteste beschafften, die bescheinigten, daß ihre Schwester an Typhus erkrankt sei, und sie diese Nachricht überall verbreiteten, versuchten sie sich aus der Affaire zu ziehen. Unglücklicherweise verbreitete aber das Krankenhauspersonal in seiner geschwätzigen Art eine wesentlich realistischere Version der ganzen Angelegenheit und ließ keinen Zweifel an Gamilas Schwangerschaft.
Nach und nach kam Gamila wieder zu Kräften, sah sich wieder mit ihren Brüdern konfrontiert und stürzte eines Nachts, gegen 1 Uhr morgens, aus dem dritten Stock des Krankenhauses: Zwei Rippenbrüche, mehrfache Frakturen des rechten Oberschenkels und des Unterschenkels, die rechte Ferse war völlig zertrümmert.
Sobald das Bein eingegipst war, hatte das Krankenhaus nichts Besseres zu tun, als Gamila zu ihren Brüdern zurückzuschicken, aus Angst, sie könne einen weiteren Selbstmordversuch unternehmen. Niemand wollte die Rechnung des Krankenhauses bezahlen. So erfuhr ich dann die ganze Geschichte durch einen Bekannten, den Gamila selbst gebeten hatte, ihr bei der Bezahlung der Krankenhausrechnung behilflich zu sein, sowohl die Version der Brüder als auch die des Krankenhauses.
Um Neugierigen zu entgehen, transportierten die Brüder Gamila in der darauffolgenden Nacht auf einer Bahre des Krankenhauses quer durch die Stadt nach Hause. Dies mußte zu Fuß geschehen, denn wegen der vielen Treppen war es unmöglich, ein Auto zu benutzen. Dann verbarrikadierte sich die ganze Familie im Haus.
Der nächste Tag war ein Tag der Verhandlungen, mit dem Ziel, die Erlaubnis zu erhalten, bei Einbruch der Nacht die Familie aufzusuchen. Hierbei übernahm jener Bekannte eine Vermittlerrolle.
Das Haus glich mit seiner verbarrikadierten Eisentür und den schweren, zugezogenen Vorhängen einer Festung.
An jenem Abend bekam ich nur die Schwester und einen der Brüder zu Gesicht. Gamila lag in einem der hinteren Zimmer und heulte vor Schmerzen und Angst. Seit sie das Krankenhaus verlassen hatte, weigerte sie sich – sicherlich aus Angst vor einer erneuten Vergiftung – die von ihrem Bruder vorgeschlagenen Medikamente einzunehmen. Große schwarze Augen waren auf ein ihr unbekanntes Gesicht gerichtet, ein Gesicht, von dem man ihr gesagt hatte, daß es vielleicht für sie ihr Leben bedeuten könne. Aber man ließ mich nicht näher an sie heran. Zuerst mußte alles besprochen werden, die Lage geklärt werden, denn die vorgeschlagene Lösung mußte der ganzen Familie zugute kommen. Das war die Vorbedingung, der Gamilas Leben unterstellt war.
Der älteste Bruder war außer sich vor Wut. Ein Schwall von Worten sollte mir die Typhuserkrankung und die Tat einer „Wahnsinnigen", den Sprung aus dem dritten Stock des Krankenhauses, erklären. Ein Skandal! Die ganze Familie würde das Land verlassen müssen. Mit Gamila in ein anderes arabisches Land, ohne sie nach Europa. Das bedeutete im Klartext: es war schwierig Gamila in

L... zu töten, denn die Polizei war bereits informiert, und sie würden im Falle einer Ermordung einige Jahre Gefängnis riskieren. Aber wenn Gamila, wie durch einen Zufall, auf geheimnisvolle Weise verschwinden würde, zögen alle anderen Familienmitglieder es vor, sich in Europa niederzulassen, wo bereits die Schwester lebt. Was die Möglichkeit für eine Auswanderung nach Europa anbetraf, handelte es sich meistens um unrealistische Phantasievorstellungen.
Der Beschluß lautete: Gamila mußte unter allen Umständen verschwinden, denn selbst wenn die Familie die Stätte des Skandals verließe, würde die ständige Gegegenwart Gamilas im Kreise der Familie die Erinnerung daran wachhalten.
Für eine Typhuserkrankung war der Preis sehr hoch.
Mein Vorschlag war nicht voll zufriedenstellend, weil es sich lediglich um einen „Versuch" handelte, Gamila abreisen zu lassen, aber augenblicklich war die Atmosphäre weniger gespannt. „Egal wohin, wenn es sein muß auch in die Hölle, die Hauptsache ist, sie verschwindet für immer!"
Wenn ich die Szene beschreiben müßte, sähe ich, wie sich ein Dolch mit gleichmäßiger Geschwindigkeit immer tiefer über das Haupt eines jungen Mädchens herabsenkt, plötzlich innehält und leicht hin und her pendelt, in Erwartung der nächsten Bewegung. Da gibt es keine Gnade.
Wir sprachen von den Maßnahmen, die ergriffen werden müßten, von dem zweitältesten, sehr gewalttätigen Bruder – wie lange würde man ihn noch zurückhalten können –, von der guten Milch, die Gamila bekam, damit sie wieder gesund würde, von der Liebe, mit der man sie umgab, von dem Herzleiden der Mutter, die von ihren Söhnen terrorisiert wurde. Es war zum Verrücktwerden.
Gamila heulte die ganze Zeit in ihrem Bett, und endlich durfte ich zu ihr gehen und ihr zwei Beruhigungstabletten geben.
Mein erster Vorschlag war, Gamila an einen ruhigen Ort zu transportieren. Er wurde angeblich vom Bruder und der Schwester abgelehnt. Sie würde bis zu ihrer möglichen Abreise aus dem Land zu Hause bleiben.
Ich fing wieder mit Erklärungen an: wenn Gamilas Gesundheitszustand sich nicht ein wenig verbessert, wird sie nicht imstande sein, ins Ausland zu reisen. Es ist notwendig, sie sofort und außerhalb dieses Hauses in ärztliche Behandlung zu geben. Die Familie willigte ein, und in der folgenden Nacht, um 2 Uhr morgens, wurde Gamila auf einer behelfsmäßigen Bahre (einer der Brüder schlug vor, sie auf seinem Rücken zu tragen) bis zu meinem Wagen transportiert, den ich am Stadtrand abgestellt hatte. Die beiden Brüder und die Schwester wollten sie unbedingt mit mir zusammen bis zum Krankenhaus von C... begleiten. Den Krankenschwestern würden sie ohnehin die Rolle der vom gesundheitlichen Zustand ihrer Schwester tief bewegten Geschwister vorspielen. Sie waren es in der Tat, aber aus anderen Gründen ...

Juli 1978

Gamila verließ das Land, nachdem sie ihre Familie noch einmal wiedergesehen hatte. Sie waren wütend und bedrohten sie für den Fall, daß sie nicht abreisen würde: „Wenn es M... nicht gelingt, dich wegzubringen, werden wir eine rasche Lösung finden müssen."

August 1978

Jetzt befindet sich Gamila in der Schweiz. Ihre Mutter, ihre beiden Brüder und ihre Schwester haben das Land endgültig verlassen.

Khadra und Magda

22. Juni 1978

In jener speziellen Einrichtung lernte ich Magda kennen, ein kleines sechsjähriges Mädchen (...), das sich dort durch sehr unglückliche Umstände befand. Ich konnte mir vorstellen, daß die Sozialhelferin, die sie von der Kinderkrippe an diesen Ort gebracht hatte, ihr bereits den schlechten Ruf angehängt hatte, den sie auch ihrer Mutter zuschrieb. Dadurch bestrafte sie sie schon jetzt mit einer völlig vorgezeichneten Zukunft.

Magda, mit ihren glänzenden dunkelblonden Haaren und kastanienbraunen Augen, betrachtete mich aufmerksam und lächelte dann. Ich überlegte, daß sie vielleicht adoptiert werden könnte, falls ihre Mutter, die man mir mit bemerkenswert falschen Angaben beschrieben hatte, zustimmen würde. Nach einigen Recherchen nahm ich zu ihr Kontakt auf zu der jüdischen Familie, für die sie arbeitete und sich gleichzeitig vor einer Gesellschaft versteckte, die sie angeblich seit 6 Jahren verfolgte, tatsächlich jedoch seit ihrer Geburt.
Khadra ist 25 Jahre alt und hat sanfte,aber furchtsame Augen. Sie spricht Arabisch und ziemlich gut Englisch. Sie ist nicht wirklich schüchtern, sondern vor allem eine Gejagte. Sie ist Waise und gebar Magda nach einer Vergewaltigung. Da sie von da an verfolgt wurde, vertraute sie die Kleine dem Säuglingsheim in B... an und arbeitete als Dienstmädchen, wobei sie von Familie zu Familie zog und häufig die Adresse wechselte, um nicht gefunden zu werden.
Ich habe sie in ihrem kleinen Zimmer besucht, das sie bei einer sehr verschrobenen Dame gemietet hatte, die sie „meine Tochter" nannte und sie wie ein Dienstmädchen behandelte, indem sie sie sogar daran hinderte, sich in ihrem schmierigen Badezimmer zu waschen. Sie mußte das am Arbeitsplatz tun.
Khadra ist keine Prostituierte, wie man sie mir in der Einrichtung beschrieben hatte, in der die kleine Magda lebt. Zwischen ihrer Arbeit und ihrem Zimmer sieht sie überhaupt niemanden. Sie stirbt vor Angst. Sie verkleidet sich, um Magda in B... sehen zu können.
Es ist offensichtlich, daß sie nicht noch mehr verkraften kann. Als ich ihr sagte, daß die kleine Magda in diesem Land keinerlei Zukunft hat, was sie sehr wohl weiß, und daß man sie als unehelich geborenes Mädchen so behandeln wird, daß sie keine andere Wahl hat, als sich später zu prostituieren, antwortete mir

Khadra: „Aber ich habe nur sie, nimm mich mit ihr fort, ich wüßte, wie ich ihr meine Liebe geben könnte, wenn ich frei wäre!" Das war ein Aufschrei unter Schluchzen.
Sie liebt die Kleine, kann aber nicht mit ihr zusammenleben, weil ihr Leben in Gefahr ist. So einfach ist das. Sie akzeptiert es, Magda zu ihrer Rettung zur Adoption freizugeben, falls es keine andere Lösung gibt. Aber ich kann weder die Augen noch die Ohren vor dem verschließen, was ich sehe und höre: eine sehr junge, offene Frau, die nur Leid kennengelernt hat und inständig darum bittet, daß man ihr das Zusammenleben mit ihrem Kind erlaubt.
Ich erklärte ihr, daß die Schweizer Regierung ihr nicht ohne weiteres ein Visum bewilligen würde usw. ... und sie antwortete mir: „Wenn sie wüßten, wie ich gelitten habe und noch immer leide, würden sie es mir sofort bewilligen. Ich werde es ihnen sagen, ich werde ihnen einen Brief schreiben." So, als ob man viel erlitten haben kann und trotzdem noch ein ganz ursprüngliches Vertrauen in die Menschheit hat.
Sie schrieb also ihren Brief, in einer einzigen Nacht. Ich habe ihn für Euch so genau wie möglich übersetzt. Alles stimmt genau, und der Mord an ihrer Cousine vor 3 Monaten ist eine allgemein bekannte Tatsache. Ihren Leichnam hatte man auf die Hauptstraße von S... geworfen.
Khadra hat sehr viel mit Siham gemeinsam, sie ist stark bedroht, obwohl sie nicht physisch dem Feuer ausgesetzt war. Ihr und Magda muß nach unseren besten Möglichkeiten geholfen werden. Da sie intelligent ist, bereits über gute Grundkenntnisse in Englisch verfügt, wird sie auch schnell Französisch lernen und sehr bald ihren Landsleuten nützlich sein können. Sie würde gern Krankenschwester werden oder sich mit Kindern beschäftigen.
Du kannst Dir vorstellen, mit welcher Ungeduld sie auf Deine Antwort wartet ... und ich ebenso.

Der Brief von Khadra

Ich weiß nicht, wie ich den Bericht über meine Geschichte anfangen soll. Vielleicht sollte ich mit meiner miserablen Kindheit beginnen.
Mein Vater starb, als ich sehr klein war; sogleich brachte meine Mutter uns, meine jüngere Schwester und mich, in ein Waisenhaus. Dann kam sie nie mehr wieder.
Ich hatte eine sehr unglückliche Kindheit, ganz ohne Mutter und Vater. Ich wünschte mir, eine Frau zu finden, die gut zu mir wäre und die ich „Mutter" nennen könnte. Ich wünschte mir, dieses Wort „Mutter" immer wieder sagen zu können, aber zu meinem Unglück erhielt ich niemals Gelegenheit, es auszusprechen. Am schlimmsten war es, wenn die Festtage und die Ferien herannahten; dann brach mir fast das Herz. Die Eltern der anderen Kinder brachten ihnen für den Ausgang hübsche Kleider zum Wechseln mit. Ich blieb mit einigen anderen Kindern in einer schrecklichen Atmosphäre zurück. Ich empfand deutlich die Leere, die die anderen Mädchen, die nach Hause gingen, zurückließen. Ich blieb sitzen und weinte und rief immer wieder aus: „Ich weiß, daß meine

Eltern tot sind, aber hätte ich doch wenigstens andere Familienangehörige, die mich von hier während der Ferien mitnehmen könnten!" ... Und so weinte ich bis zur Erschöpfung.
Die Lehrerinnen des Waisenhauses waren nicht freundlich zu uns. Diejenige, die uns während der Ferien betreute, wiederholte ständig: „Ich wünschte, jemand käme euch holen, ich hab' genug von euren Gesichtern!"
Ich blieb bis zum 16. Lebensjahr in diesem Waisenhaus. Niemand fragte nach mir. Nichts hätte mich glücklicher gemacht, als diesen Ort zu verlassen.
Eines Tages kam eine Schülerin zu mir und sagte: „Jemand fragt nach dir. Er sagt, er sei dein Onkel." Ich war ganz außer mir vor Freude darüber, daß ich einen Onkel hatte, aber heute wünschte ich mir, ich hätte ihn niemals kennengelernt. Im Waisenhaus war das Leben nur bitter und leidvoll, aber diese Onkels und Cousins waren nicht besser.
Nachdem ich einmal bei ihnen gewesen war, flehte ich die Schulleiterin an, nicht zuzulassen, daß sie mich endgültig in ihr Dorf mitnehmen könnten, aber sie antwortete mir: „Du mußt sie nehmen, wie sie sind."
Im Alter von 16 Jahren wurde ich die Sklavin dieser Familie. Ich mußte jedes ihrer Häuser reinigen. Dort, wo es Arbeit gab, mußte ich den Anordungen Folge leisten und die Arbeit verrichten. Ich erhielt ganz wenig, um mich zu ernähren und zu kleiden, und die Frau und die Mutter meines Onkels brachten ihn unaufhörlich gegen mich auf, bis er mich windelweich schlug.
Um mich zu verheiraten, verkauften sie mich an einen Cousin zu 30 Jordanischen Dinaren (ca. 240,-- DM). Er war 19 Jahre älter als ich. Sehr bald begann er, mich zu schlagen und zu beschimpfen. Jede Nacht kam er betrunken nach Hause.*

Anmerkung

* Unter Schlägen des Ehemannes hat Khadra ein Baby verloren.

Als ich ihn bat, mich fortgehen zu lassen, antwortete er mir: „Ich lasse mich scheiden, wenn Du mir Geld gibst." Ich gab ihm mein Armband, den Ring und die Halskette, die ich zu meiner Hochzeit bekommen hatte, und er ließ mich gehen.
Die Familie, zu der ich zurückkehrte, da ich niemand anderen hatte, warf mir nun ständig vor, daß ich Schande über sie gebracht hätte. Ich war erneut im Gefängnis. Eines Tages fragte ich den ältesten Onkel der Familie, ob ich mir eine Arbeit suchen könne; er stimmte zu. Ich bin zunächst nach J... gegangen, um Arbeit in einem Krankenhaus zu suchen. Am Eingang wandte ich mich an einen sehr großen, beleibten Mann, um ihn zu fragen, ob es hier Arbeit gäbe. Er antwortete mir, ich solle mit ihm die Treppe hinaufsteigen, um dort ein Formular auszufüllen. Ich antwortete ihm: „Gott segne Sie für Ihre Hilfsbereitschaft."

Oben angekommen führte er mich in ein Zimmer voller Akten und Papiere, forderte mich auf, mich zu setzen und zu schreiben. Ich begann zu schreiben, und er ging, um die Tür abzuschließen. Ich betrachtete ihn erstaunt und erschreckt und fragte ihn, warum er diese Tür verschlossen habe. Er antwortete nicht und warf sich auf mich. Ich leistete ihm Widerstand, aber er zerriß meine Unterkleider. Dann begann ich zu weinen und bat ihn, mich gehenzulassen, weil ich ein armes und alleinstehendes Mädchen sei. Ich wagte nicht zu schreien, weil mich die Vorstellung, andere könnten mich hören und kommen, um mich umzubringen, ganz verrückt machte.

Wieder kehrte ich ins Dorf zurück. Ich konnte dieser fanatischen Familie gar nichts sagen. Ich hörte auf, draußen nach Arbeit zu suchen und nahm die Sklaverei zu Hause wieder auf. Zwei Monate später stellte ich fest, daß ich ein Kind erwartete und dachte sofort an den Skandal. Ich kehrte nach J... zurück, um dieser Bestie zu sagen, daß ich ein Kind erwartete, und dachte mir dabei, daß ich zumindest mit dem Leben davon gekommen sei, wenn er mich als Zweitfrau nehmen würde. Er antwortete mir: „Ich habe dich noch nie gesehen, ich kenne dich nicht. Wenn du wiederkommst, werde ich dem Pförtner sagen, er soll dich hinauswerfen."

Ich ging zu einer jungen Frau, einer guten Freundin, und erzählte ihr meine Geschichte. Sie sagte mir, daß sie mir nicht helfen könne und vor allem, nicht bei sich behalten könne. Sie hatte Angst davor, daß jemand kommen und mich in ihrem Haus töten könnte. Sie wurde auf einmal ganz nervös und aggressiv. Von da an begann ich auf den Straßen umherzustreifen, überzeugt davon, nichts weiter als eine Beute für die Bestien zu sein. Ich schlief in den Gärten und streifte durch die Straßen bis zum Einbruch der Nacht. Ich hatte Angst vor dem kommenden Tag.

Ich besuchte einen Arzt, der mir nicht helfen konnte, aber er riet mir, eine Sozialarbeiterin aufzusuchen. Diese schickte mich in ein Kloster bis zu meiner Niederkunft. Eines Tages kamen meine Cousins und fragten die Schwester Oberin, ob ich da sei. Sie waren verrückt vor Wut, sie kamen, um mich zu holen. Sie antwortete ihnen, ich sei krank, und sie sollten zwei Tage später wiederkommen. Ich hatte sie gebeten, es nicht ebenso wie die Leiterin des Waisenhauses zu machen, die mich gezwungen hatte, ihnen im Alter von 16 Jahren zu folgen.

Sie schickte mich in ein anderes Kloster. Aber sie suchten mich auch dort. Seit Magdas Geburt flüchtete ich mit ihr und brachte sie im Säuglingsheim in B... unter, um sie in Sicherheit zu wissen. Ich selbst war jeden Augenblick vom Tod bedroht; ich flüchtete von Ort zu Ort, von Arbeitsstelle zu Arbeitsstelle. Seit 6 Jahren fliehe ich vor ihnen. Nachts habe ich immer noch denselben Alptraum: ein Mann, der über mir gerade seinen Dolch gezückt hält; ich wache unter Tränen auf und weine bis zum Morgen.

Ich lebe in einer wahnsinnigen Angst vor dem Tod. Selbst auf der Straße drehe ich mich ständig um, aus Angst, von hinten erstochen zu werden, Minute um Minute.

Meine Kusine, die 2 Jahre älter ist als ich, wurde von ihrer Familie verdächtigt, einen Freund zu haben. Zwei Jahre lang konnte sie vor ihnen fliehen, aber vor 3 Monaten haben sie sie gefunden und gezwungen, Gift zu trinken. Um ganz sicher zu gehen, daß sie tot war, haben sie sie noch mit einem Messerstich umgebracht. Die Polizei ordnete eine medizinische Untersuchung an, und dabei stellte sich heraus, daß sie Jungfrau war.
Ich weiß, daß sie mich jeden Moment finden können, und daß es mir ergehen kann wie ihr. Im Augenblick lebe ich in einem gemieteten Zimmer, stets mit dem gleichen Alptraum. Ich bete zu Gott, daß er mir jemanden schickt, der mich aus diesem Grauen errettet.
Ich habe meine kleine Tochter. Ich habe sie Magda genannt. Sie ist alles, was ich im Leben habe, aber ich kann ihr weder Freude geben noch Freude von ihr bekommen. Ich habe sie nicht in diese unaufhörliche Flucht mit hineinziehen wollen. Was wird mit ihr geschehen, wenn ich auf der Straße umgebracht werde?
Sie befindet sich in einem Waisenhaus und ist dort ebenso unglücklich, wie ich es war, aber es gelingt mir, sie zu besuchen, indem ich verberge, wer ich bin. Selbst wenn ich sie zu ihrem Glück zur Adoption freigebe, ist meine Vergangenheit nicht bereinigt, und ich werde weiterhin mit derselben Bedrohung leben.
Man hat mir gesagt, daß Sie leidenden Menschen helfen, und deshalb bitte ich Sie von ganzem Herzen, mich von meiner Vergangenheit zu befreien, die schwarz ist wie die Nacht.
Oh Gott, mach, daß die Menschen, die diesen Brief lesen, mit mir Mitleid haben und mich vor der Bedrohung retten und vor den Schatten des Todes, der mich Tag und Nacht verfolgt! Ich bete darum, daß Sie mir ihre Hand reichen. Schließen Sie nicht die Tür vor mir, wie es in der Vergangenheit immer geschah.
Ich hoffe, daß Sie meinen Brief berücksichtigen und mich nicht abweisen werden. Ich bitte Sie inständig darum, uns einen Zufluchtsort zu gewähren, mir und meiner kleinen Tochter, die in diesem Leben noch nie einen Fehltritt begangen hat. Zu Ihnen kommen zu dürfen, wäre die erste Freude meines Lebens. Ich werde Sie nicht enttäuschen. Ich möchte insbesondere all den jungen Mädchen helfen, die die gleichen Erfahrungen gemacht haben wie ich.

September 1978

Die Schweiz hat ja gesagt!
Khadra und Magda sind unter uns.

Hanieh und Soad

2. April 1980

Hanieh, laut ihrer Geburtsurkunde 26, in Wirklichkeit 22 Jahre alt, hat Folgendes erlebt:

Sie ist Halbwaise durch den Tod ihres Vaters, wurde von ihrer Mutter verlassen und dann von einem Onkel aufgezogen, während ihr älterer Bruder von anderen Familienangehörigen aufgenommen wurde.
Vor 7 Jahren kam dieser Bruder und quartierte sich im Haus von Hanieh und ihrem Onkel ein. Er war brutal, ein Trinker und vergewaltigte seine Schwester, ob einmal oder mehrfach, ist mir nicht bekannt. Hanieh klagte ihr Leid ihrem Onkel, der den Bruder wieder zurückschickte und sich beeilte, einen Ehemann für Hanieh zu finden, einen älteren Mann, der bereits mehrere Frauen hatte, und der – wegen der besonderen Umstände – von der Zahlung des üblichen Brautpreises befreit wurde. Dafür sollte er sich nicht allzu kleinlich bezüglich der Jungfräulichkeit des jungen Mädchens zeigen.
Sofort nach der Unterzeichnung des Ehevertrags veröffentlichten der Onkel und die Tante in den Zeitungen eine Anzeige des Inhalts, daß ihre Familie keine Beziehungen mehr zu Hanieh und ihrem Bruder unterhielte, und daß alles, was ihnen in Zukunft zustoßen sollte, sie nichts mehr anginge. Wenn ein Blutbad auf dem Titelblatt vorauszusehen ist, ist es besser, Vorsichtsmaßnahmen zu treffen.
Einige Monate nach ihrer Hochzeit erklärte ein Arzt Hanieh, daß sie im 3. Monat schwanger sei; das Kind konnte nur von ihrem Bruder sein. Welche Katastrophe! Der Ehemann war außer sich vor Wut, und das Mädchen gab zu, daß sie intime Beziehungen mit ihrem Bruder gehabt hatte. Große Unruhe herrschte im Dorf, und der Bruder versuchte mit Dolchstichen seinen ersten Mordanschlag gegen Hanieh. Sie trägt davon noch die Narben auf dem Arm, mit dem sie sich zu schützen versuchte. Nach einem einwöchigen Krankenhausaufenthalt brachte die Polizei sie direkt in ein Kloster, in dem sie bis zur Geburt des Babys versteckt bleiben sollte.
In dieser Zeit verstieß der Ehemann sie offiziell.
Nach der Geburt wurde das Baby einer Sozialarbeiterin übergeben, die es einem Waisenhaus anvertraute. Hanieh hörte nie mehr etwas von dem Kind. Vom Sozialamt wurde als nächstes eine Hochzeit mit einem Mann ähnlich dem ersten Ehemann arrangiert: er lebte in Z..., war älter, mit mehreren Ehefrauen und entging der Verpflichtung, einen Brautpreis zu zahlen.
In dieser Ehe gebar Hanieh zwei Töchter, die beide an Auszehrung starben, dann eine dritte, Soad, die bald 3 Jahre alt wird. Hanieh wurde von ihrem Ehemann schlecht behandelt, der – gemäß der herrschenden Meinung – keinerlei Grund hatte, sie zu respektieren. Jedoch ist weiter kein besonderes Ereignis zu erwähnen bis zu dem Tag, an dem der Bruder ihres Ehemannes aus K... anreiste, weil er von einer Familie seiner Region, die sich vor kurzem in K... nieder-

gelassen hatte, über die Vergangenheit von Hanieh informiert worden war. Die Familie versammelte sich und verpflichtete den Ehemann, seine Frau zu verstoßen, und zwar sehr bald, da zur gleichen Zeit Haniehs Bruder verkündete, daß er seine Mordabsicht nicht aufgegeben habe.
Plötzlich über Nacht stand Hanieh auf der Straße; sie nahm sofort Zuflucht in dem Kloster, in dem sie das erste Mal versteckt worden war. Sie wurde fast verrückt bei dem Gedanken, daß ihr Bruder sie verfolgte, und ängstigte sich wegen der Zukunft ihrer Tochter Soad, die ihr Ehemann in ein Waisenhaus stekken würde, sobald er sich wiederverheiratete. Soad würde als „Tochter einer Prostituierten" bezeichnet und als potentielle Prostituierte betrachtet werden.
Wir haben hier eine Frau vor uns, die vor dem Tod flieht und zum vierten Mal ein Kind verliert ...
Für mich ist sofort klar, daß die Mutter nicht ohne ihre Tochter das Land verlassen kann, aber was für ein Berg, der da versetzt werden muß!
Zuerst einmal muß die Kleine zurückgeholt werden. Vor ihrem Ex-Ehemann hat Hanieh keine große Angst, da er nicht derjenige ist, der sie umbringen will, und so akzeptierte sie meinen Vorschlag, zu ihm zu gehen und ihn um Soad zu bitten. Er willigt ein, da Soad ihm jetzt nur lästig ist. Aber das ist noch nicht alles. Soad hat keine Geburtsurkunde und kann nicht ins Ausland reisen, ohne eine schriftliche Vollmacht des Vaters, die von einem Vertreter des Innenministeriums unterzeichnet werden muß. Er läßt eine Geburtsurkunde ausstellen, in der Soad einen fremden (falschen) Familiennamen erhält, und weigert sich, irgendein offizielles Dokument zu unterschreiben. Kurz gesagt, seine Ex-Frau sollte ebenso wie seine Tochter zum Teufel gehen, und vor allem sollte man nichts von ihm verlangen, was seine Familie oder die Gesellschaft glauben lassen könnte, daß er versucht hätte, einer Frau zu helfen, die überall dort, wo sie hergeht, einen Schandfleck hinterläßt.
Es wäre sinnlos, hier all die unerwarteten Ereignisse aufzuführen, die wir durchstehen mußten, um zum Ziel zu gelangen, aber wir sind ganz nahe daran. Das hat uns Zeit, sehr viel Zeit gekostet, aber wir mußten alle Vorsichtsmaßnahmen treffen, um z.B. zu erreichen, daß der Vater niemals sagen könnte, die Behörden hätten seine Tochter entführt. Alles ist möglich, und die Erfahrung lehrt, daß alles gemacht wird.
Mehrmals habe ich Haniehs Mut bewundert, denn sie hat sich wirklich und auf eigene Gefahr an dem Kampf beteiligt, den sie und ich angefangen hatten.
Sie lebt im Augenblick wieder in dem Kloster mit Soad; die Schwestern tolerieren, daß sie einfach nur da ist, denn die Pflege, die sie ihrer kleinen Tochter zukommen läßt, erlaubt es ihr nicht, so hart zu arbeiten, wie das Kloster es wünscht. Da ihr Aufenthalt sich noch einige Wochen hinziehen wird, werde ich den Ordensschwestern eine Geldsumme überweisen, die teilweise die Unterhaltskosten abdeckt und, vor allem, die Gemüter beruhigt.
Hanieh und Soad werden von P... in Italien erwartet. P... bemüht sich darum, für Mutter und Tochter ein Visum für einen Daueraufenthalt in Italien zu bekommen.

30. Juni 1980

Ich habe zweimal mit P... gesprochen. Das Visum von Hanieh ist immer noch nicht da, und die Situation wird mehr als kritisch, weil die Gültigkeit ihres Reisepasses ablaufen wird, bevor das Visum vorliegt. Hinzu kommt, daß das Kloster sie nicht länger behalten will, und ich kann ihr keinen sichereren Ort vorschlagen als mein Zuhause, wenn ich da bin.
Was für eine vertrackte Situation. Um die Visa muß wirklich mit Zähnen und Klauen gekämpft werden, wenn nicht die ganze bis hierher geleistete Arbeit vergeblich und eine Weiterarbeit sogar unmöglich sein soll. Aus einem Dutzend von Gründen, die ich gerne bereit bin, jedem, der oder die sie hören will, zu erklären, obgleich sie mir völlig klar erscheinen, darf es keine Verzögerung geben, sobald die Papiere hier vorliegen. WARTEN IST UNMÖGLICH und birgt das Risiko, daß alle vorangegangenen Mühen zunichte gemacht werden.

27. August 1980

Endlich! Hanieh und Soad sind in Italien. Sie leben.

Naguiba

Naguiba, eine junge Beduinin von 22 Jahren, gehört einem Nomadenstamm aus der Umgebung von B... an. Zu ihrer Familie zählen 17 Kinder.
Sie ist groß, ihr dichtes Haar ist kurzgeschnitten, seit sie sich im Kloster versteckt hat. Jedes neue Gesicht erschreckt sie, und sie überprüft jeden Menschen mit einem durchdringenden, schrecklichen, beinahe bösartigen Blick, da er von ihrer Familie geschickt sein könnte. Sie entspannte sich nicht einen Augenblick im Verlauf unserer ersten Unterredung.
Sie ist seit jeher geschlagen worden, zuerst von ihren Brüdern und dann von dem Mann, den sie im Alter von 15 Jahren heiraten mußte. Er war über 60 Jahre alt, sie war seine vierte Ehefrau und aufgrund der Schläge verlor sie ein Baby im dritten Schwangerschaftsmonat.
Ihre Beschäftigung war, die Ziegen zu hüten und Früchte, wilde Feigen und Wassermelonen in den nächstliegenden Dörfern zu verkaufen. Sie sagt, daß sie mit zwei Männern ein sexuelles Erlebnis hatte und sie um ihren Schutz gebeten habe. Zweifellos waren diese Männer nicht mit den Landesbräuchen vertraut, denn sie brachten sie, nachdem sie sie benutzt hatten, zurück zum Stamm ihres Vaters.
Der Ehemann hat sie sofort verstoßen. Die Brüder versuchten, nachdem sie sie windelweich geschlagen hatten, sie zu töten, indem sie sie in eine leere Zisterne warfen. Sie starb dabei jedoch nicht und führte weiter ihr Märtyrer-Dasein in ihrem Stamm bis zu dem Tag, an dem ihr Vater sie an einen Epileptiker verkaufte, der regelmäßig Anfälle erlitt und mehrfach versuchte, sie zu erdrosseln.
Sie flüchtete, aber ihre Brüder fingen sie schnell wieder ein und legten ihr eine Kette um den Fußknöchel, die mit einem Nagel an einem der Zeltpflöcke befe-

stigt war. Um ihr deutlich zu zeigen, daß es ihr nichts nütze zu fliehen, weil sie sie immer wiederfinden würden, brandmarkten sie ihr rechtes Bein mit einem rotglühenden Eisen, das eine enorm große, deutlich sichtbare Narbe hinterließ.

Eines Tages, als Naguiba höchstwahrscheinlich mehr verprügelt worden war als gewöhnlich, erlitt sie einen Nervenzusammenbruch. Sie heulte wie ein Tier und versuchte, alle umzubringen, die sich ihr näherten. Man rief den Hellseher (Diviner), der den bösen Geist beschwören sollte, aber er erreichte nichts und schlug vor, Naguiba in ein Krankenhaus zu bringen. Sie kam im Krankenhaus von H... an, die Beine und Arme waren mit einem Seil an eine Bahre gebunden. Der Arzt weigerte sich, sie zu behandeln und schickte sie in die Psychiatrische Klinik von Z..., wo die Eltern hofften, sie für immer quasi lebendig begraben zu können. Aber am Ende eines Monats ging es Naguiba besser, viel besser, und der Arzt ließ jemanden aus ihrer Familie kommen, der sie zum Zeltlager zurückbringen sollte.

Einige Tage später, kurz nach ihrer Rückkehr, floh Naguiba und suchte in S... ein ganz junges Mädchen auf, das sie kennengelernt hatte, als sie noch Früchte in dieser Stadt verkaufte. Diese brachte sie unverzüglich in ein Kloster von S..., wo die Schwestern völlig verschreckt waren von der nahen Gefahr und sie in ein Kloster von L... überführten. Hier befindet sie sich nun seit mehr als drei Monaten. Ich erfuhr von ihrer Existenz, als ich in demselben Kloster eine Zuflucht für ein anderes junges Mädchen suchte.

Zu einem gewissen Zeitpunkt müssen die Eltern versucht haben, sie suchen zu lassen, da ihre Personenbeschreibung durchs Radio gegeben wurde. Dann geschah weiter nichts bis letzte Woche, als ein Mann an der Pforte eines Klosters spanischer Nonnen erschien und fragte, ob sie nicht ein junges Mädchen gesehen hätte, das der Beschreibung Naguibas entsprach.

Zum besseren Verständnis möchte ich gerne bestimmte Punkte in dieser Geschichte näher beleuchten:

- Beduinenmädchen werden regelmäßig mißhandelt und geschlagen, aber sie revoltieren niemals. Einzig und allein aus dem Grund, weil Naguiba wußte, daß sie wegen ihres sexuellen Erlebnisses in Lebensgefahr schwebte, fand sie die Kraft zu fliehen.
- Wenn die Familienehre verteidigt und gerächt werden soll, sind die Beduinen sehr hart und streng, die Jahre zählen nicht. Einer ihrer berühmtesten Aussprüche hierzu fiel nach dem Mord an einer Frau, der erst 40 Jahre nach deren „Fehltritt“ durchgeführt wurde. Die Mörder stellten unter sich folgende Betrachtung an: „Warum haben wir uns nur so beeilt?“

Ich habe mit einer Person gesprochen, die sich in dem Krankenhaus befand, als Naguiba dorthin transportiert wurde. Sie hat mir den grauenhaften Zustand bestätigt, in dem diese sich befand, und ebenso die Weigerung des Arztes, sie an Ort und Stelle zu behandeln. Es gibt viele Möglichkeiten zu töten, und das Einschließen in Psychiatrische Kliniken ist eine davon. Es ist wahrscheinlich, daß sie Naguiba derartig mißhandelt hatten, daß sie unter Schock stand, oder vielleicht hatten sie ihr sogar einen jener Zaubertränke eingeflößt, deren Ge-

heimnis nur die Beduinen kennen.
In dem Kloster, in dem sie sich augenblicklich befindet, verrichtet Naguiba, die Analphabetin ist, alle Arbeiten, die ihr aufgetragen werden, ohne jeden Einwand. Sie arbeitet besonders gerne mit Kindern, aber es ist klar, daß sie in großer Angst vor der Zukunft lebt. Übrigens leben die Schwestern in einer anderen Angst, nämlich mitansehen zu müssen, wie das Kloster von Angehörigen des Stammes überfallen wird. Diese 3 Monate im Kloster sind lang gewesen, viel zu lang.
Naguiba hat sofort die Überlegung akzeptiert, ins Ausland zu gehen, egal wohin. Da sie 22 Jahre alt ist, benötigt sie nicht mehr die Zustimmung ihrer Eltern. Für ihren Stamm ist sie immer noch dem Willen ihres Vaters unterstellt, aber das interessiert uns nicht.
Naguiba mußte mich einmal zum Innenministerium begleiten, denn es ist unmöglich, alles ohne sie zu erledigen. Trotz „Vermummung“, wenn man so sagen kann, herrschte totale Panik auf den wenigen Metern, die mein Auto vom Eingang des Ministeriums trennten, eine Panik, die sich im Gebäude des Ministeriums fortsetzte. Trotz meiner Empfehlung: „Du gibst mir Deinen Arm und gehst ruhig neben mir her“, lief sie ständig vier Schritte voraus oder zehn Schritte hinterher, wobei sie andauernd voller Angst um sich schaute. Wir zogen alle Blicke auf uns. Man kann sich vorstellen, wie ihre Abreise ins Ausland vor sich gehen wird.

11. Juli 1980

Naguiba wird verstärkt von ihrer Familie gesucht, die auch die Polizei in den Fall eingeschaltet hat. Ich werde mit ihr abreisen müssen, um die Angelegenheit mit den Visa von Hanieh und Soad zu klären.

14. Juli 1980

Heute ist der Tag von Naguibas Ankunft unter italienischer Sonne, der Tag ihrer Wiedergeburt.

Jamila

3. August 1980

Lieber P...,
ich habe noch eine junge Frau für Sie, seit der letzten Nacht. Sie ist 24 Jahre alt, heißt Jamila und ist im vierten Monat schwanger. Sie besitzt einen Reisepaß und ist somit, ohne Probleme bezüglich des Visums, nach meiner Rückkehr sofort reisefertig.
Jamila ist Christin, aber sie verabscheut Ordensschwestern, daher ist ein Wechsel erforderlich. Wenn ich einen Blick auf das junge Mädchen werfe, das als „Delinquentin“ bezeichnet wird, dann frage ich mich, wie sie es nicht sein soll-

te: ihre Mutter wurde bei lebendigem Leib von ihrem geisteskranken Ehemann, Jamilas Vater, verbrannt. Ihre Schwester, 25 Jahre alt und Mutter von 6 Kindern, ist ebenfalls tot. Sie wurde mit Benzin übergossen und verbrannt, weil man sie verdächtigte, einen Freund zu haben. Ihr Ehemann hat bei der Verbrennung ohne jeden Zweifel mitgewirkt, obwohl die offizielle Version auf Selbstmord lautete.
Als ihre Mutter umkam, war Jamila vier Jahre alt. Die Kinder wurden an die „Barmherzigen Schwestern" verteilt. Diese waren auch jetzt bereit, Jamila für ca. 20 Tage, bis zu meiner Rückkehr, bei sich zu verstecken, jedoch nicht länger, da sie in ihrem Hause einen schlechten Ruf habe.
Ihr Vater sucht nach ihr, um sie zu töten und ebenso der Vater ihres Kindes, weil er befürchtet, daß sie ihn anzeigen könnte. Jamila legt sehr großen Wert darauf, ihr Kind zu bekommen.
Ich muß sagen, daß ich diese junge, sehr zart und zerbrechlich wirkende Frau sehr gerne habe. Ihr Kind ist alles, was sie besitzt. Sie kann lesen und schreiben, sie spricht arabisch, ein bißchen Englisch und ein paar Brocken Deutsch. Sie ist sehr menschenscheu und traut niemandem mehr.
Die Auseinandersetzung mit den „Barmherzigen Schwestern" in der letzten Nacht, stellte sie auf eine harte Probe, wie sie sich vorstellen können. Ich hoffe, daß ich sie dort nicht allzu lange lassen muß!!
Hätten Sie die Liebenswürdigkeit noch einmal nachzufragen, ob sie wohl jemand bei sich aufnehmen würde? Im Umgang mit ihr sind Mut, Geduld, Taktgefühl und schließlich sehr viel Liebe erforderlich.
Sie hat ein Jahr lang mit geistig behinderten Kindern gearbeitet, aber ich glaube nicht, daß darin ihre Berufung liegt. Sie ist auch nicht der Typ einer „Haushälterin", und außerdem hat sie überhaupt nichts von einer „Beduinin". Nun ja, wir werden sehen.

27. August 1980

P... nimmt Jamila in Italien in Empfang! Er schreibt uns dazu wie folgt:

3. September 1980

Es handelt sich um ein großes, schlankes Mädchen mit schwarzen Haaren und traurigen Augen. Ihr Schoß, der zuvor in ihrer Heimat mit Schande und Tod beladen war, füllt sich hier nun mit Leben und Hoffnung. Ihre Niederkunft wird gegen Ende Dezember sein. Sie ist eine arabische Christin im Alter von 24 Jahren. Sie entkam dem Tode nur dank des energischen und mutigen Einschreitens unseres Freundes vor Ort. Ihre Mutter und ihre Schwester wurden beide von ihren Ehemännern lebendig verbrannt, da jede verdächtigt wurde, sie hätte einen Freund. Jamila war vier Jahre alt, als sie starb (ihre Mutter). Selbst die Ordensschwestern, die sie großgezogen haben, verachten sie heute als „Delinquentin". Jamila hat studiert, sie spricht mehrere Sprachen und möchte Krankenschwester werden.

Ohne sie jemals auszufragen und zu tief in sie zu dringen, versuchen wir nach und nach ihr Leben zu rekonstruieren, indem wir die verschiedenen Bruchstükke, die sie uns jeden Abend erzählt, richtig zusammensetzen. Ein erstickender Kokon, dem sie zu entrinnen versucht.

5. Januar 1981

Jamila hat einen Sohn zur Welt gebracht. Zwei Leben sind gerettet!

Fahima

8. Oktober 1980

Ich habe sozusagen auf Fahimas „Rettung" hingearbeitet, deren gesamte Familie nur noch aus ihrer Mutter und einem Großvater besteht. Fahima ist 15 1/2. Fahima wurde in einem Kloster aufgezogen, aus dem sie vor einem Jahr entfloh, und sich dann mit Prostitution und Drogen durchschlug. Richtiger wäre es zu sagen, daß sie floh um „frei" zu sein, und da sie kein Zuhause fand, das bereit gewesen wäre sie aufzunehmen, traf sie mal Diesen und mal Jenen, genauer gesagt, Leute aus dem „Milieu", die sich darum bemühten, sie für ihre Zwecke zu gewinnen. Es stellt überhaupt keine Schwierigkeit dar, ein junges 15jähriges Mädchen für sich zu gewinnen, wenn man ihm einige Wunder und eine Scheinfreiheit verspricht.
Fahimas Onkel und ihr Großvater beschlossen daher, sie zu töten. Möglicherweise würden sie es aber auch akzeptieren, wenn sie auf Nimmerwiedersehen verschwände.
Zu dem Zeitpunkt, als ich mit P... über die Aufnahme Fahimas sprach und ihn bat, sich die Sache genau zu überlegen, da es sich um ein besonders schwieriges junges Mädchen handele, war sie plötzlich verschwunden. Die Polizei spürte sie aber bald wieder auf. Dann fällte allerdings ein „Jugendrichter" eine recht unglückliche Entscheidung, die besagte, daß Fahima für 1 1/2 Monate zur Beobachtung in ein Haus für junge „Delinquentinnen" geschickt werden solle. Ich verstand nicht warum, denn nach Ablauf dieser Beobachtungszeit würde sie, trotz allem, die Familie am Ausgang erwarten, um sie zu töten ...
Es ergibt einfach keinen Sinn, und Schuld daran ist das Nebeneinander zweier Gesellschaftsordnungen. Die eine ist „modern", möchte alles wissen und jeden Fortschritt ermöglichen, ist aber noch nicht einmal imstande, die Menschen vor der anderen Gesellschaftsordnung zu schützen, die noch immer mit 200jähriger Verspätung hinter der heutigen Zeit lebt.
Aber inzwischen ist Fahima aus diesem „reizenden" Heim geflohen.
Die Suchaktionen nach ihr sind jedoch schon wieder aufgenommen worden. Ich meinerseits versuche unterdessen, diesen unguten Urteilsspruch wieder aufheben zu lassen, der Fahima wieder auf das falsche Gleis zurückführen wird, falls die Familie sie nicht schon vorher gefunden und abgeurteilt hat.

11. November 1980

Lieber P...
Es war mehr Zeit als vorgesehen nötig, um die verantwortliche Person für Jugenddelikte ausfindig zu machen und sie zu veranlassen, das Urteil aufzuheben. Das ist nun geschehen und Fahima ist praktisch fertig zur Abreise. Sie wünscht es sich sehr.
Ich nehme an, daß zur Ausstellung des Reisepasses noch 2-3 Wochen erforderlich sein werden.
Ich schicke Ihnen einen Bericht über dieses junge Mädchen mit. Ich werde Ihnen diese bittere Pille nicht versüßen: es ist für Sie ein sehr schwieriges Unterfangen, und Sie haben noch Zeit, darüber nachzudenken, ja nötigenfalls Ihre Zusage, die Sie mir telefonisch gaben, zurückzunehmen. Wissen Sie, Fahima hat vor Nichts und Niemandem Angst. Sie könnte sich, in guter Gesellschaft und mit etwas Vertrauen, von Grund auf ändern. Diejenigen, die sich mit ihr beschäftigen werden, brauchen aber viel Geduld, starke Nerven und einen unerschütterlichen Glauben an das Leben.
Das heißt aber auch: sie ist ein Mädchen, das einem auf Anhieb sympathisch ist, und das Sie sicherlich sehr gerne haben werden.

Fahimas Geschichte

Sie wurde am 18. November 1964 in A... geboren. Fahimas Vater, der bei einem Autounfall ums Leben kam, ließ eine junge Witwe, geboren 1947, und eine kleine einjährige Tochter, Fahima, zurück.
Da die Mutter zur Sicherung ihres Lebensunterhaltes arbeiten gehen mußte, wurde Fahima auf ihre Bitten hin von der Fürsorge in einem Waiseninternat in S... untergebracht.
Im Alter von sieben Jahren war Fahima schon ein sehr aggressives Kind, und es bestand kein gutes Einvernehmen zwischen ihr und ihrer Mutter. Sehr bald verhielt sie sich auch aggressiv gegenüber ihren Lehrern, und die Ordensschwestern forderten ihre Überweisung in ein anderes Waisenhaus nach Z... Da ihr Verhalten dort genauso auffällig war, schickten die Schwestern sie wieder zurück nach S... Seit dieser Zeit ist ungefähr ein Jahr vergangen.
In diesem Jahr ließ sich Fahima an einer Handelsschule einschreiben, um hier Sekretärinnenkurse zu belegen, aber sie nahm nur sehr unregelmäßig an diesen Kursen teil, und ihre Beziehungen zu ihrer Umwelt gestalteten sich schwierig. Man sah sie oft mit jungen Leuten aus dem „Milieu".
Die Mutter, die nicht mehr wußte, was sie tun sollte, veranlaßte die Polizei einzuschreiten. Fahima wurde der Vormundschaft eines verantwortlichen Beamten für straffällig gewordene Jugendliche unterstellt. Dieser verfügte durch einen Gerichtsprozeß, daß das junge Mädchen eine gewisse Zeit lang in einem Haus für junge „Delinquentinnen" untergebracht wurde. Dort lief Fahima fort und kehrte erst nach längerer Zeit wieder nach A... zurück.
Die ganze Stadt war offenbar auf dem Laufenden bezüglich der Geschichte Fahi-

mas, und ihre Onkel (die drei Brüder der Mutter) sowie ihr Großvater mütterlicherseits beschlossen, sie zu töten, und sie ließen keinen Zweifel daran, daß sie dies in naher Zukunft verwirklichen würden.

Was mich betrifft, so habe ich versucht herauszufinden, was sich in Fahima abspielt und was sie zu einem solchen Verhalten veranlaßt hat. Es scheint, daß die Mutter, die sehr früh Witwe wurde – und als Witwe ist es in diesem Land nicht leicht, nochmals zu heiraten – einen verheirateten Freund hatte, der Vater mehrerer Kinder ist. Demnach hat die Kleine schon eine ganze Menge Sachen gesehen, und als Kleinkind schon viele Drohungen, die ihre Mutter betrafen, zu hören bekommen; vor allem von seiten ihres Großvaters.

Es ist möglich, wenn nicht gar sicher, daß man mit Fingern auf sie gezeigt hat und sie als „Tochter einer Prostituierten" beschimpft hat. Das ist das, was normalerweise in solchen Fällen geschieht.

Als Fahima sechs Jahre alt war, beschloß die Mutter, da sie von der Sozialhilfe nicht mehr leben konnte, sich von ihrer Tochter zu trennen und sie in ein Kloster zu bringen. Ich vergaß zu erwähnen, daß Fahima Christin ist. Auf diese Weise war die Mutter auch ungebundener, ihr eigenes Leben zu führen, und für den Fall, daß ihr „irgend etwas zustoßen" sollte, wäre die Kleine nicht in Gefahr und auch versorgt.

Fahima legte in der Schule das bereits erwähnte Verhalten an den Tag, sie revoltierte gegen alles und jeden, und dann, im letzten Jahr, beschloß sie, wieder nach Hause zurückzukehren, um bei ihrer Mutter zu leben. Dort forderte der Freund der Mutter, seit Jahren derselbe, das habe ich von Fahima selbst erfahren, daß ihre Mutter zulasse, daß er ihre Tochter entjungfere.

Aus sehr vielen unterschiedlichen Gründen, die ich hier unmöglich alle aufführen kann, *kann* die Mutter nicht ablehnen und läßt die Sache laufen. Fahima ihrerseits gelingt es, den Übergriffen des Freundes der Mutter zu entkommen; einmal versuchen Mutter und Tochter, sich gegenseitig umzubringen, und dann flieht Fahima endgültig von zu Hause und befand sich wieder auf der Straße, wo sie vielen Leuten ausgesetzt war, die es nicht versäumten, sie für den Rauschgifthandel und zu ihrem persönlichen Zeitvertreib auszunutzen. Ich glaube aber nicht, daß sie selbst Drogen zu sich nahm.

Zu diesem Zeitpunkt bat die Mutter die Polizei zu intervenieren, und ihre Onkel begannen nervös zu werden. Die Mutter von Fahima ist übrigens nicht weniger in Lebensgefahr als ihre Tochter, aber ihre Geschichte ist bis jetzt hinreichend verborgen geblieben, so daß die Familienehre nicht allzu sehr befleckt wurde. Fahimas Rückkehr hat jedoch alles zum Explodieren gebracht, und die Familie kann sich angesichts ihrer sozialen Umgebung kein langes Zaudern erlauben. So sagte der Großvater, daß er nur noch wenige Jahre zu leben hätte, die er auch im Gefängnis verbringen könne ...

Ich kenne die Mutter, und ich kenne die Tochter. Die eine wie die andere will leben, das ist alles. Fahimas Mutter ist davon überzeugt, daß ihre Tochter hier überhaupt keine Zukunft hat, und sie ist damit einverstanden, wenn Fahima ins Ausland geschickt wird.

Fahima ist ein sehr schönes Mädchen. Sie ist schlank und groß und sieht wie eine Achtzehnjährige aus.

Dezember 1980

Fahima konnte ihr Land verlassen und wurde in Italien aufgenommen.

Rafika

8. Oktober 1980

Ich glaube, ich habe Ihnen schon über sie geschrieben. Sie ist eine echte kleine Freundin von 16 Jahren, die nicht sehr viel von dem, was mit ihr passiert, mitbekommt, außer daß ihr Vater ihr versprochen hat, ihr die Kehle durchzuschneiden und daß er vor ihren Augen ihre Geburtsurkunde verbrannt hat. Sie weiß auch, daß die ganze Familie geschworen hat, den Vater abzulösen, falls er seine Pflicht nicht erfüllen kann.
Sie sei anläßlich eines Ausflugs junger Mädchen nach W... vergewaltigt worden (oder auch nicht). Als es dunkel wurde, habe sie darum gebeten, sie nach Hause zurückzubringen, da sie es sich nicht erlauben könne, nach einer bestimmten Uhrzeit (zweifellos 18.00 Uhr) noch außer Haus zu sein. Auf dem Nachhauseweg habe der Chauffeur Rafika Tee angeboten, in den er zuvor eine Droge geschüttet hatte, und hopp! – weg war Rafika und das Hymen ebenfalls. Das ist kein Scherz, denn der Trick mit dem Mittel im Getränk ist sehr geläufig, vor allem bei den Beduinen.
Rafika kam nach Hause zurück (ich weiß nicht, in welchem Zustand) sagte aber nichts. Etwas später begab sie sich zur Polizei und zeigte den jungen Mann an. Die Polizei hatte natürlich nichts Eiligeres zu tun, als die Eltern zu benachrichtigen ... und begann, den jungen Mann zu suchen.
Nachdem man ihn gefunden hatte, wurde er angeklagt, einer Bande von Rauschgifthändlern anzugehören. Er erhielt sechs Jahre Gefängnis. Und unsere arme Rafika hatte gedacht, er sei wegen ihrer Vergewaltigung verurteilt worden.
Von ihrer Familie bedroht, floh Rafika und es passierte ihr das, was allen jungen Mädchen passiert, die zu später Stunde auf der Straße sind, vor allem jenen, die Hunger haben. Sie wurde aufgelesen und in das Haus eines Zuhälters in S... gebracht. Dort ist sie vor ihrer Familie geschützt, aber sie weint ununterbrochen und so sehr, daß einer der Kunden des Hauses, den ich kenne, zu mir kam und sagte, daß er ein junges Mädchen gesehen habe, das so und so aussehe ... und das immerzu weine.
Eine kleine Expedition wurde organisiert. Das war nicht einfach, weil der Zuhälter und Eigentümer des fast unzugänglichen Hauses es nicht gerne hat, wenn er mitansehen muß, wie seine Beute verschwindet, selbst wenn sie anfangs weint.

Um es kurz zu machen, ich lasse Einzelheiten weg, die Sache ließ sich gut an, und wir gaben Rafika in unserem Haus in N... ein Obdach, jedoch nur für einige Tage, weil ihre Familie sie verstärkt suchte und unser Haus als Versteck kein geeigneter Ort ist.
All das ist vor mindestens vier Monaten passiert. Ein Kloster war bereit, Rafika aufzunehmen, und ich ließ die Angelegenheit wegen mehrerer Reisen ins Ausland ein bißchen ruhen. Es schien jedoch besonders schwierig zu werden, weil Rafika minderjährig ist und ihre Eltern scheinbar besonders stur sind.
Anfang September erschienen zwei Männer an der Klosterpforte und verlangten nach einer gewissen Rafika aus W... Die Ordensschwestern versicherten, sie nicht zu kennen und nahmen dann sofort Kontakt zu mir auf, zumal die beiden Männer sich an der Klosterpforte postierten. Hier blieben sie drei Tage und zwei Nächte, es könnte auch länger gewesen sein.
Es fanden sofortige Verhandlungen mit einem anderen Kloster statt, das die Kleine aufnehmen sollte ... Nach einigem Zögern und unter gewissen Bedingungen war man bereit zu helfen.
Ich werde die Fahrt mit Rafika von einem Kloster ins andere, vor den Augen der beiden Männer, die sich nahe der Tür aufhielten, nicht so schnell vergessen – und ebensowenig die Ordensschwestern. Rafika lag auf dem Boden des Wagens unter einem Berg von Kartons mit Kleidungsstücken.
Seitdem versuche ich zu erreichen, daß Personalpapiere für sie ausgestellt werden. Dies ist außerordentlich schwierig, da bei Minderjährigen die Unterschrift der Eltern unerläßlich ist. Die Behörden sind trotz der kritischen Lage nicht bereit, einer Minderjährigen ohne irgendeine Vollmacht der Eltern einen Reisepaß auszustellen. Ich weiß nicht, auf welche Weise ich an die Eltern herantreten soll, aber es ist die einzige Lösung. Ein wenig Geduld noch.

27. Oktober 1980

Für Rafika gehen die Dinge überhaupt nicht voran.

22. November 1980

Rafika ist gerettet! Eine sehr aufreibende Aktion, aber sie ist zu einem guten Ende gekommen. Jetzt ist es nur noch eine Frage der Zeit, bis die offiziellen Papiere da sind. Ein Zeitraum, in dem die Vorsichtsmaßnahmen hinsichtlich ihres Verstecks verdoppelt werden müssen, weil ihr Vater, der für die kurze Zeitspanne eines Augenblicks überzeugt werden konnte, noch einmal seine Meinung ändern und sie töten könnte. Aber so lange sie lebt, kann er die Abreise nicht mehr verhindern, zumal die Papiere unterschrieben in Händen der Behörden sind.

30. November 1980

Rafika wird endlich abreisen können. Nur wegen des Wartens auf ein Visum muß sie noch einige Zeit versteckt bleiben.

Januar 1981

Dieses Mal ist es Frankreich, wo Rafika aufgenommen wird.

Habiba

Sie wurde am 25. Oktober 1947 geboren. Durch den Tod der Mutter ist sie Halbwaise. Ihr Vater hat aus zweiter Ehe fünf Kinder, von denen das älteste, ein Junge, inzwischen 25 Jahre alt ist.
Mit 25 Jahren wurde sie mit einem 45jährigen Mann verlobt, den sie, entgegen der Tradition, nicht sofort heiratete. Auf die Gründe werden wir später zurückkommen, Habiba selbst spricht nicht darüber.
Mit 28 Jahren, nach dem Tode des Vaters, beschloß sie, ihrem Bruder (einem Sohn der gleichen Mutter), der in Europa studierte, dorthin nachzureisen. Ihr Verlobter folgte ihr drei Monate später. Sie sagt, daß sie zu diesem Zeitpunkt mit ihm eine intime Beziehung unterhalten habe. Er heiratete jedoch eine andere junge Frau.
Habibas Aufenthalt in Europa dauerte ungefähr vier Jahre, danach brachte ihr Bruder sie nach W... zurück. Anschließend hörte sie nie wieder etwas von ihm, bevor er verschwand, versäumte er aber nicht, die Stiefmutter darüber zu informieren, daß Habiba nicht mehr Jungfrau sei. Habiba floh, als ihre Halbbrüder sie mit dem Tod bedrohten. Das war vor ungefähr einem Jahr.
Sie fand einen Job als Hausmädchen in X..., dann übernahm sie in einer Schule in S... eine Stelle als Lehrerin. Seitdem sie W... verlassen hat, ist sie in ständiger Furcht und verläßt nie den Ort, an dem sie lebt und arbeitet. Vor einigen Tagen, gerade vor den Feiertagen, reiste ein Scheich aus S... nach W..., wo er zufällig der Familie von Habiba begegnete. Er sagte, daß er sie kenne und wo sie lebe. Die Stiefmutter zerriß ihre Kleider, begleitet von Wehgeschrei: „Wie ist es nur möglich, daß dieser wandelnde Schandfleck noch immer lebt ... etc."
Der Scheich kehrte sehr aufgeschreckt nach S... zurück und suchte sofort die Schulleiterin auf, um dieser zu sagen, daß sie sich umgehend Habiba vom Halse schaffen müsse, weil diese alle anderen in Gefahr bringe. Dies wurde auch getan und Habiba fand sich ohne ein weiteres Wort wieder auf der Straße.
Jetzt lebt sie vorübergehend an einem mehr oder weniger sicheren Ort, an dem sie jedoch nicht bleiben kann. Ich kann versuchen, sie in ein Kloster zu stecken, aber für wie lange? ...
Ich habe versucht, etwas Licht in die Geschichte mit der Verlobung zu bringen. Es ist anzunehmen, daß Habiba sexuellen Kontakt mit ihrem Verlobten hatte, als sie noch hier war, was jedoch eine Heirat unmöglich machte, da das vom Blut des Hymens befleckte Bettlaken vorgewiesen werden muß. Hätte sie das nicht gekonnt, wäre sie auf der Stelle getötet worden. Also hat sie die Heirat hinausgezögert, damit sie in aller Stille in Europa stattfinden konnte. Höchstwahrscheinlich hat es der Verlobte vorgezogen, nachdem er sie verführt und sich hinreichend „bedient" hatte, traditionsgemäß ein unberührtes Mädchen zu

heiraten. – Das kann Habiba nicht erzählen, solange sie hier ist. Die Stiefmutter und ihre Söhne werden ihr keine Ruhe lassen, solange sie wissen, daß sie lebt.
Könnten Sie Habiba helfen? Nach mehreren Jahren in Europa, wo sie arabische Literatur studiert hat, wird sie sich etwas besser zurechtfinden als die anderen. Ausnahmsweise ist sie vielleicht eine der wenigen, die direkt in ein Wohnheim oder in ein Heim für junge Arbeiterinnen gehen könnte. Sie ist vollkommen gesund und sehr kräftig.
Hier hat sie Arabisch bei Kindern der unteren Jahrgänge unterrichtet. Mit Nähen, Schneidern und der Haushaltsführung kommt sie sehr gut zurecht. Ich glaube, sie hat im letzten Jahr ein wenig Geld sparen können. Sie könnte es für die Bezahlung der Reise oder der ersten Ausgaben verwenden.
Das war alles. Danke.

Brief von M... vom 20. Juni 1980

Trotz des dichten Nebels kommen wir langsam weiter voran ...
Der Dialog mit den Familien nimmt kein Ende und ist kräfteraubend. Jedoch habe ich bisher noch keine absolut verschlossene Türe vorgefunden, mit Ausnahme des Falls der jungen Beduinin.
Ich habe auch mit den Scheichs gesprochen, die wütend darüber sind, daß die Welt, unwissend, wie sie ist, glaubt, der Islam sei der Ursprung dieser Sitten, nur weil sie mehrheitlich von Moslems praktiziert werden. Sie sind davon überzeugt, daß sie jeden Freitag in der Moschee gegen diese Sitten predigen müssen, die dem Ruf der Religion in den Augen der ganzen Menschheit Schaden zufügen.
Die Regierung eines Nachbarlandes hat sich, wie es scheint, sehr betroffen über die steigende Anzahl junger Mädchen gezeigt, die die Polizei festnehmen und ins Gefängnis sperren muß, damit sie vor ihrer Familie geschützt sind. Eine konkrete Hoffnung auf Freilassung besteht dabei nicht, da das Verbrechen „aus Rache für die Familienehre" an keine Zeit gebunden ist. Wenn das stimmt, wäre es ein Neubeginn von Seiten der Regierung, die für ihre starke Verbundenheit mit dieser Sitte bekannt war.
Wie immer ist viel guter Wille da auf Seiten P...s, aber die Visa kommen nicht an.

Schlußfolgerung

Dieser Bericht ist ein Hilferuf für unsere Prinzessinnen. Obgleich einige von ihnen und ihre Kindern gerettet werden konnten, muß alles getan werden, um diesem Elend insgesamt ein Ende zu bereiten; ein Elend, dessen geographisches Ausmaß uns noch immer nicht vollständig bekannt ist.

Die Prinzessinnen brauchen Ihre Hilfe.

Flüchtlingsstatus

Bitte nehmen Sie all Ihre Zärtlichkeit, Ihre Leidenschaft und Ihre Wut zusammen und nehmen Sie ohne Aufschub und mit allem Nachdruck Kontakt auf mit

Poul Hartling,
Hoher Kommissar der UNO der Flüchtlinge
Palast der Vereinten Nationen
Genf, Schweiz,

um von ihm den Füchtlingsstatus für diese Opfer wahnsinniger Bräuche zu fordern.

Suchen Sie ihn auf oder schreiben Sie ihm (jedoch besser in Form persönlicher Briefe als in Form von gemeinsamen Petitionen, die er möglicherweise nicht berücksichtigen wird). Sie bezahlen sehr viel Geld für diesen „hohen" Funktionär; zwingen Sie ihn dazu zu funktionieren.

Geeignete Zufluchtsorte

Von allergrößter Dringlichkeit ist es, geeignete Zufluchtsorte zu finden. Das ist sehr schwierig, denn man darf nicht glauben, diese jungen Frauen in „Heimen" für junge Arbeiter oder andere unterbringen zu können, da man sich hier nur verwaltungstechnisch und finanziell um sie kümmern würde. Das reicht nicht. Es ist so, daß sie mehr oder weniger traumatisiert ankommen und von einer Zivilisation in eine andere, völlig unterschiedliche kommen, ohne das geringste von europäischen Gebräuchen oder Sprachen zu wissen. Da sie niemals mehr in ihre Heimatländer zurückkehren können (eine Rückkehr käme dem Todesurteil gleich), ist es nötig, sie in diese Kultur, in der sie nun leben müssen, einzuführen. Keine Verwaltung, wie perfekt auch immer, könnte diese „Wiedergeburt" verwirklichen.

Was nötig ist, sind aufmerksame, sensible und liebevolle menschliche Gemeinschaften – oder Familien –, die erzieherisch wirken und ihnen jene Handlungsweisen beibringen, die das tägliche Leben ausmachen, und die ihnen vor allen Dingen die für den Neubeginn notwendige Herzlichkeit zukommen lassen. Ideal wäre es, wenn es Zufluchtsorte bei Familien wären, die von einer Organisation oder Bewegung ausgesucht würden und dort auch Unterstützung fänden (z.B. in Form der erforderlichen Kontakte).

Angesichts des sicheren Todes ist jedoch selbst eine schlecht organisierte Aufnahme besser als nichts!

Zeugenaussagen

Wir warten ständig darauf, von allen, die von diesen Leiden erfahren haben und die bezeugen können, daß es sie gibt, wo immer auf der Welt es sein mag, zu hören. Nur durch Informationen und Aktionen kann die scheinbar schicksalhafte Zwangsläufigkeit dieser seit Jahrhunderten begangenen Greueltaten an Frauen und Kindern eines Tages zum Verschwinden gebracht werden.

All denen, deren Ehrgefühl und Empörung sie zum Handeln veranlassen wird, möchten wir danken.

Von anderen Prinzessinnen, die auch sterben mußten …

Vereinte Nationen, Rat für Wirtschaft und Soziales, Menschenrechtskommission, Unterausschuß zur Verhütung von Diskriminierung und zum Schutz von Minderheiten

Zur Frage der Sklaverei und des Sklavenhandels in all ihren Praktiken und Manifestationen einschließlich der sklavereiähnlichen Praktiken der Apartheid und des Kolonialismus.

Bericht der Arbeitsgruppe über Sklaverei auf ihrer 5. Sitzung, Vorsitzender Berichterstatter: Richter Abu Sayyeed Chowdury (Auszug)

Der Menschenhandel und die Ausbeutung der Prostitution durch andere:

47. Die Gruppe hat die Erklärung einer Vertreterin der Gruppierung für die Rechte von Minderheiten bezüglich der Mitgiftregelungen in Indien gehört, die, nach ihrer Einschätzung, eine sehr alte Form von Menschenhandel darstellen. Sie hat den Mitgliedern der Arbeitsgruppe einige kürzlich in der Presse erschienene Zeitungsartikel unterbreitet, aus denen hervorgeht, daß in mehreren Gegenden Indiens Ehefrauen verbrannt oder zu Tode geprügelt werden, offensichtlich aus dem Grunde, daß dem Ehemann oder dessen Familie die Mitgift unzureichend erschien. Nach Aussage der Zeitungsartikel hat man in Hunderten von Fällen den Tod der jungen Ehefrau auf Unfälle geschoben, die sich beispielsweise beim Arbeiten in der Küche ereignet haben sollen, während tatsächlich die Frauen mit Benzin übergossen und angezündet wurden. Weiterhin wird berichtet, daß Frauengruppen in Indien Kampagnen organisiert haben, um gegen die Mitgiftregelungen zu protestieren und um die Verschärfung und Anwendung der sie verbietenden Gesetze zu fordern. Das System der Mitgift ist fest in den indischen Sitten verankert, jedoch ist seit einiger Zeit eine Zunahme der o.g. Fälle zu beobachten.

Die Vertreterin der Gruppierung für die Rechte von Minderheiten hat die Arbeitsgruppe dazu aufgefordert, die indische Regierung auf diese Frage aufmerksam zu machen und zur Stellungnahme aufzufordern.

48. Nach Ansicht eines Gruppenmitglieds stellt die Regelung der Mitgift eine Form des Menschenhandels dar, da sie sexuelle Beziehungen gegen Bezahlung einschließt. Seiner Meinung nach sollte die Gruppe eine genaue Studie über die verschiedenen Praktiken anfertigen.

49. Dasselbe Mitglied machte die Gruppe auf Kinderprostitution in Brasilien aufmerksam. Es wurde berichtet, daß jedes Jahr über 50.000 junge Mädchen dazu verurteilt wären, in den Bordellen der Dörfer und Städte um ihr Überleben zu kämpfen. Diese Bordelle seien Dreckslöcher, in denen die Ausbeutung in extremster Weise betrieben werde. Das Geld erhielten nicht die Mädchen, sondern die Bordellbesitzerinnen, die davon den größten Teil für Nahrung, Klei-

dung und das Zimmer abzögen. Die Mädchen seien somit aufgrund ihrer Schulden einem Zwangsregime unterworfen; manchmal würden sie eingeschlossen oder zum Drogenkonsum gezwungen. Sie fangen mit 12 bis 14 Jahren im Bordell an; manchmal würden sie durch Vermittler von ihren Eltern verkauft. Andere, eine große Zahl, landeten im Bordell, nachdem sie als Dienstmädchen in Privathaushalten beschäftigt und von den Männern der Familien vergewaltigt worden seien.

Die Prostitution in Brasilien sei illegal, doch hätten die Armen Mühe, die Gesetze einzuhalten. Zudem verfügen die Bordellbesitzer und die Kuppler über ein weitreichendes Netz von Beziehungen.

50. Nach Ansicht desselben Mitglieds zeige dieser Bericht, daß oft eine enge Verbindung bestehe zwischen den verschiedenen sklavereiähnlichen Praktiken, für die die Gruppe sich interessiere, z.B. der Ausbeutung der Prostitution, dem Verkauf von Kindern und der Sklaverei durch Schulden. Er habe im Rahmen einer kürzlich vorgenommenen Reise nach Indien Gelegenheit gehabt, eine von einem indischen Medizinerteam im Auftrag des Magistrats von Bombay gefertigte Studie zu lesen, in der es um die Prostitution in dieser Stadt gehe.

Diesem Bericht zufolge sind in der Region Bombay 25% aller Prostituierten in der Tat Sklaven: Sie wurden von Zwischenhändlern an Bordelle verkauft, nachdem man sie zuvor in die Stadt gelockt hatte. – In einem von Interpol vorgelegten Bericht wurde ebenfalls detailliert über Fälle berichtet, in denen Frauen mit dem Versprechen von einer Arbeitsstelle in andere Länder gelockt wurden, wo man sie zur Prostitution zwang. Das Gruppenmitglied brachte sein Erstaunen darüber zum Ausdruck, daß viele Länder, insbesondere die Schweiz, Großbritannien und die Vereinigten Staaten, noch nicht die entsprechende UNO-Konvention unterzeichnet hätten, obgleich sie sich der Existenz derartiger Praktiken bewußt seien. Nach seiner Meinung sei es dringende Aufgabe der UNO und anderer Einrichtungen, Mittel und Wege zu finden, um den Regierungen bei der Anwendung der gültigen Gesetze zu helfen und geeignete Maßnahmen zur Eliminierung der Ursachen dieser Praktiken zu ergreifen.

Bericht von H. Februar 1981

Mitgift und Tod

Auf den ersten Blick scheinen diese beiden Dinge nichts miteinander zu tun zu haben. Aber in Indien ist das Problem der Mitgift sehr oft Todesursache – oder besser gesagt, die Ursache für einen Mord bzw. einen erzwungenen Selbstmord. Es vergeht kaum ein Tag in Indien, an dem nicht eine der Tageszeitungen den letzten Fall, der sich ereignet hat, berichtet: Frau X..., Mutter eines kleinen Kindes – oder auch mehrerer – wurde tödlich verbrannt aufgefunden, hat sich selbst angezündet, wurde aus dem dritten Stock geworfen, oder ganz einfach, wurde zu Tode geprügelt.

Und warum? Als diese junge Frau von ihrem Vater verkauft wurde – denn das ist die richtige Bezeichnung für die Mehrheit der Eheschließungen in Indien – wurde ein Ehevertrag unterzeichnet, in dem die Geldsumme und sämtliche Gegenstände, der Betrag für die Auslagen der Hochzeitszeremonie, für die Kleidung der ganzen Familie des Verlobten usw. festgesetzt wurde. Diese Leistungen sind vom Vater oder den Brüdern des Mädchens an den Verlobten oder dessen Familie zu bezahlen. Noch ehe die Tinte getrocknet ist, erhöht die Familie des jungen Mannes ihre Forderungen; noch dieses und jenes muß hinzukommen, sonst findet die Hochzeit nicht statt. In vielen Fällen wäre das viel besser für die arme Kleine – auch wenn so etwas als blamabel angesehen wird. Im allgemeinen beginnen die Forderungen der Schwiegereltern jedoch erst nach der Eheschließung, oft erst, wenn die Frau bereits schwanger ist oder ein Kind oder mehrere geboren hat. Ihre Eltern sind im allgemeinen bereits mit Schulden überhäuft, die sie bis zum Ende ihres Lebens belasten werden oder sogar noch die Söhne und Enkelsöhne. Sie können den neuen Forderungen nicht nachkommen.

Nun beginnt ein fürchterliches Leben für die junge Frau: Man überhäuft sie mit Arbeit, selbst wenn sie schwanger oder krank ist, man schlägt sie und wirft ihr jeden Tag die Erbärmlichkeit ihrer Mitgift vor. Wenn man auch dann keine weiteren Leistungen von ihrer Familie erhält, gießt man Benzin über sie und hält ein Streichholz daran ... Oder aber es wird ein so furchtbarer Druck ausgeübt, daß die arme Frau keinen anderen Ausweg mehr sieht, als selbst auf diese Methode zurückzugreifen. Sie wirft ihr Leben fort, weil sie entsetzlich leidet. Die Grausamkeit ihres Ehemannes und der gesamten Familie, in deren Mitte sie gezwungen ist, wie eine Sklavin zu leben, kann sie nicht länger verkraften. Da die Nachbarn sich nicht in die Angelegenheit einmischen wollen, haben sie nichts gesehen und nichts gehört.

Im Westen fragen die Leute, wie etwas derartiges, auch in gebildeten Schichten, überhaupt möglich ist und warum es kein Gesetz gegen die Mitgift gibt. Ein solches Gesetz existiert, es ist fast 20 Jahre alt, aber es ist so einfach zu umgehen!

Es gibt viele Leute in Indien, die sich über die furchtbaren Folgen der Mitgift-Tradition im klaren sind. Während des Notstandes, der zum ersten Mal von Indira Gandhi 1975 - 77 ausgerufen wurde, versuchte man, dem Gesetz zu stärkerer Durchsetzung zu verhelfen. Es wurde als Beweis für schlechten Geschmack betrachtet, elegante und kostspielige Hochzeiten zu arrangieren; man konnte öffentlich nicht zugeben, für die Hochzeit der Tochter mehr als 5.000 Rupien ausgegeben zu haben. Es gab eine große Bewegung zugunsten von Massenhochzeiten, bei denen eine einzige Zeremonie für zehn oder auch hunderte von Paaren stattfand. Unglücklicherweise kümmerte sich Herr Desai, der Nachfolger von Frau Gandhi, nicht um dieses Problem und bald war das alte Übel wieder in Mode. Und das hat sich bis zum heutigen Tag fortgesetzt.

Ursprünglich mußte der zukünftige Ehemann an den Vater seiner Braut etwas bezahlen. Dieser Preis bestand gewöhnlich aus Vieh – eine Sitte, die sich noch heute in einigen Gebieten findet. Es war nur logisch, demjenigen eine Art materieller Entschädigung zu bieten, der eine Arbeiterin verlor. Aber nach und nach haben sich die Gewohnheiten verändert; jetzt ist selbst das Stadium überschritten, in dem die Mitgift als persönlicher Besitz der Frau betrachtet wurde, um ihre Zukunft für den Fall zu sichern, daß ihr Ehemann nicht dazu in der Lage wäre. Es scheint, als sei dieser Grund vollkommen in Vergessenheit geraten. Nun maßt sich die Familie des heiratswilligen jungen Mannes das Recht an, mehr und immer mehr zu verlangen. Da für Tausende junger Frauen Heirat immer noch das einzige Mittel ist, ihre Existenz zu sichern, sind ihre Eltern zu jedem erdenklichen Opfer bereit und gehen bis zum Äußersten auf die Wünsche der anderen Familie ein.

Man glaube nicht, daß all das, was die Eltern des Mädchens abgeben, dazu dient, ihre persönlichen Ausgaben abzudecken oder ihren Haushalt auszustatten. Dieses Kapital – in Form von Gegenständen und Geld – dient dazu, eine Schwester des jungen Mannes auszustatten, die gleichfalls verheiratet werden soll und für die dasselbe Problem besteht. Manchmal wird das Geld auch für die Berufsausbildung des jungen Mannes verwendet, nach Möglichkeit im Ausland. Es ist offensichtlich, daß dies ein circulus vitiosus ist, den man bis heute nicht hat durchbrechen können, zumal dieser Brauch alle Möglichkeiten enthält, sich einem alten menschlichen Laster hinzugeben: der Habgier.

Aus guten Gründen wird man fragen, weshalb gerade die Schwiegermütter so grausam gegenüber den jungen Mädchen sind, die ihr Haus betreten. Der wahrscheinlichste Grund ist der, daß sie gar nichts anderes kennen, daß auch sie auf gleiche Weise behandelt worden sind.

Ein Umstand, den ich hier nur ganz kurz erwähnen kann, ist das Gesetz über das Erbe, das schon immer die Söhne bevorzugte. Es gab einmal eine gewisse Berechtigung dafür: Es waren die Söhne, die den Hof instandhielten und Vieh benötigten, während die Töchter in die Familien ihrer Ehemänner eingegliedert waren. Es waren also die Söhne, die eines Tages die alten Eltern zu versorgen hatten, wenn diese ihren Lebensunterhalt nicht mehr selbst verdienen konnten – eine außerordentlich wichtige Sache in einem Land ohne soziale Einrichtungen, wie es sie in Europa gibt. Wenn z.B. der Vater zweier Söhne und einer Tochter stirbt, wird laut Gesetz der Besitz zwischen den beiden Söhnen einerseits und dem Verstorbenen andererseits aufgeteilt. Der Teil des Vaters wird noch einmal aufgeteilt, und zwar zu gleichen Teilen unter allen Familienmitgliedern. In unserem Beispiel erhalten also die Söhne die Hälfte plus ein Viertel des gesamten Besitzes, Mutter und Tochter zusammen ein Viertel. Wie man sieht, sind es die Söhne, die von dem Gesetz profitieren. Aber der Vater hat noch andere Möglichkeiten, der Witwe und der Tochter Schaden zuzufügen: Er kann ein Testament aufsetzen, in dem er sie nicht erwähnt, wodurch sie von der Erbschaft ausgeschlossen werden; oder aber er kann auf die Hälfte seines Besitzes, die ihm nach seinem Tod zusteht und die dann unter den weiblichen Familienmitgliedern aufgeteilt würde, verzichten. In diesem Fall gibt es nichts, was geteilt werden könnte, und die Frauen erhalten überhaupt nichts.

Es gibt noch weitere Möglickeiten, Frau und Töchter vom Erbe auszuschließen. Ist es unter diesen Umständen verwunderlich, wenn die Töchter selbst oft einen Teil des väterlichen Besitzes als Mitgift fordern, da sie möglicherweise leer ausgehen?

Ein Problem bezüglich der Mitgift besteht darin, daß es unmöglich ist, die Eltern daran zu hindern, ihren Töchtern anläßlich der Hochzeit Geschenke zu machen. Es ist schwer, zwischen einem Geschenk zu unterscheiden, das aus freien Stücken gegeben wurde, und einer Mitgift, die als Bedingung für das Stattfinden der Hochzeit betrachtet wurde, nicht aber als Mittel, der jungen Frau gewisse Vorteile zu sichern. Hinzukommt, daß die Oberschicht ein schlechtes Beispiel gibt, die weniger reichen Leute fühlen sich gedrängt, sie zu imitieren. Oft gibt es nur eine Möglichkeit, Reichtümer anzuhäufen: Sich eine Frau vom Hals schaffen, um eine neue Mitgift durch eine zweite Heirat zu erhalten.

All das zeigt deutlich, daß es nicht leicht sein wird, einen Brauch abzuschaffen, der so schlimme Folgen hat. Im ganzen Orient sind die Männer die Gebieter; die Daseinsberechtigung der Frauen besteht darin, ihnen zu dienen. Diese Einstellung ist es, die bekämpft werden muß. Nur die Bildung der Frauen, die verstärkte Bewußtwerdung ihrer Situation wird vielleicht eine Änderung der Dinge ermöglichen, sofern die Frauen auch lernen zu revoltieren und den Mut dazu aufbringen.

In Delhi machte ich die Bekanntschaft einer Frau, Jarvila Verghese, die gegen diese grausamen Methoden der Bereicherung mit aller Kraft ankämpft. Sie hat mich zu einer Theateraufführung eingeladen, die von einer Gruppe junger Mädchen und Männer sowie einiger älterer Personen arrangiert worden war. Die Gruppe hatte ein Drama zu diesem Thema geschrieben. Sie hatten es mit der Absicht inszeniert, es in Sälen und auf öffentlichen Plätzen aufzuführen, in der Hoffnung, am Ende der Aufführung mit den Zuschauern diskutieren zu können. Man kann nur hoffen, daß diese Bewegung noch stärker wird und daß ihre Bemühungen zu einer tieferen Einsicht und einem noch wesentlich heftigeren Kampf gegen solche Art der Barbarei führen.

Brief von Dr. O., 3. Juni 1980

Sehr geehrter Herr ...!

Sie fordern mich dazu auf, etwas über die Selbstmorde durch Verbrennen zu berichten. Nachdem ich über die Selbstmorde der Bonzen (buddhistischer Mönche) in Südvietnam informiert wurde, war ich sehr erstaunt darüber, dasselbe in Djibouti anzutreffen.

Meines Wissens handelt es sich dabei um die individuelle Auflehnung von Frauen gegen ihre Familie: gegen erzwungene Heirat, Zerwürfnis der Ehegatten, Ablehnung der zweiten Ehefrau etc. Innerhalb von zwei Jahren habe ich ca. 50 solcher Fälle aus einer Population von 60. bis 80.000 Personen erlebt. Es handelte sich immer um junge Frauen aus allen sozialen Schichten, aber vor allem um gebildete Frauen. Meine kleine Umfrage ergab, daß diese Handlungsweise seit mehreren Jahrzehnten besteht. Anläßlich einer Zusammenkunft der Familie oder sogar des Stammes, aber immer innerhalb der Öffentlichkeit, warf sich die Frau in die Flammen und schrie dabei ihren Protest und den Grund für ihr Handeln hinaus. Die Schande, die dabei über die Familie kommt, ist sehr groß, weil es in den Augen der anderen beweist, daß die Keimzelle der Familie, die das Grundelement der Nomadengemeinschaft darstellt, hauptsächlich durch den Mangel an Autorität ihres Oberhauptes entzweit ist. Diese Suizidversuche verursachen meist folgenschwere Verbrennungen, aber selten den Tod, weil die Frau einerseits schnell genug von den glühenden Kohlen oder aus den Flammen gezogen wird, andererseits die dicken traditionellen Kleidungsstücke (aus Mohair, rauhem Leder etc.) nur schwer entflammbar sind. Mit dem „Fortschritt", bestehend aus Nylonfasern und Benzin, ist inzwischen die Katastrophe eingetroffen ... Die Frau besprengt sich mit Benzin, wirft sich ins Freuer und flammt auf wie ein Streichholz. Sie verkohlt buchstäblich, weil das brennende Nylon sich mit ihrem Feisch verkrustet. Die „Zuschauer" bemühen sich, mit Wasser, Sand und Erde zu löschen. Ich überlasse es Ihnen, sich das furchtbare und jammervolle Bild dieser Unglücklichen vorzustellen, mit zur Hälfte weggebrannter Haut, klebrig, schmutzig und schreiend, nach Benzin und verbrannter Haut riechend und dem Tode geweiht. Seit einigen Jahren kommt es vor, daß diese Selbstmorde nicht mehr öffentlich passieren, die Frau sich zuhause umbringt ... Aber die Nachbarn wissen ganz genau den Grund dieser Handlung, die als Bestrafung für die Familie angesehen wird, die noch versucht, die Sache als Unfall zu vertuschen.

Dies sind meine Erfahrungen; ich kann sagen, was ich gesehen habe, war nichts Außergewöhnliches.

Sabine Preuß
Die Frauen von Acapulco Fashion
Weiblicher Lebenszusammenhang und Industrialisierung in den Weltmarktfabriken Mexikos
150 S.
ISBN 3-88548-372-6
1985

Jutta Berninghausen/Birgit Kerstan
Die Töchter Kartinis
Berichte und Reportagen aus dem Leben indonesischer Frauen
210 S.
ISBN 3-88548-312-2
1984

Saliha Scheinhardt
Und die Frauen weinten Blut
155 S.
ISBN 3-88548-345-9
1985

Frauen in den türkischen Armenvierteln, den Gecekondus, sind das Thema dieses dritten Buches der Autorin.
Zwei Drittel der türkischen Stadtbewohner leben in diesen Notunterkünften, die über Nacht auf den urbanen Ödflächen in Selbsthilfe entstehen. Diese Siedlungen sind die Zuflucht der anatolischen Bauernfamilien auf der Suche nach Arbeit und Brot, aber auch die Stationen, die viele „Almancis", so werden die in Deutschland arbeitenden Türken halb verächtlich spöttisch von ihrenm Landsleuten genannt, die vor der Auswanderung ins „gelobte Land" liegen.
Lebensgeschichten von Frauen, Schicksale und Hoffnungen, die von der Einsamkeit und der Not der zurückgebliebenen Frauen und ihrer Kinder berichten, sensibel und eindringlich in diesem Buch aufgezeichnet.

Ikbal Hasson (Hg.)
Die schwarze Abaya
Irakische Erzählungen
112 S., Leinen
ISBN 3-88548-375-0
1985

Erzählungen irakischer Autorinnen über die schwarze Abaya als Sinnbild alltäglicher Auseinandersetzung – auch mit sich selbst – Erzählungen in einer eindringlichen Sprache über die scheinbare Ausweglosigkeit eines Lebens zwischen Schleier und Aufbegehren.

Verlagsadresse
EXpress Edition GmbH
Postfach 11 02 63
Ritterstr.60 b
1000 Berlin 61
Tel.: 030/251 11 36